한국사 뛰어넘기 6

열다 지식을 열면, 지혜가 열립니다. 나만의 책을, 열다.

한국사 뛰어넘기 6
광복부터 **대한민국의 발전**까지

초판 1쇄 발행 2017년 03월 15일
초판 9쇄 발행 2024년 09월 06일

글 김란향 **그림** 이수영 정인하
발행처 주식회사 스푼북 **발행인** 박상희 **총괄** 김남원
편집 길유진 김선영 박선정 김선혜
디자인 권수아 정진희 **마케팅** 박미소
출판신고 2016년 11월 15일 제2017- 000267호
주소 (03993) 서울시 마포구 월드컵북로6길 88-7 ky21빌딩 2층
전화 02- 6357- 0050(편집) 02- 6357- 0051(마케팅)
팩스 02- 6357- 0052 **전자우편** book@spoonbook.co.kr

ⓒ김란향 2017
ISBN 979-11-960102-5-6 (74910)
ISBN 979-11-960102-3-2 (세트)

* 저작권법에 의하여 한국 내에서 보호를 받는 저작물이므로 무단 전재와 무단 복제를 금합니다.
* 잘못 만들어진 책은 구입하신 곳에서 바꾸어 드립니다.

제품명 한국사 뛰어넘기 6 ǀ **제조자명** 주식회사 스푼북 ǀ **제조국명** 대한민국 **전화번호** 02-6357-0050 **주소** (03993) 서울특별시 마포구 월드컵북로6길 88-7 ky21빌딩 2층 **제조년월** 2024년 9월 6일 ǀ **사용연령** 10세 이상 ※ KC마크는 이 제품이 공통안전기준에 적합하였음을 의미합니다.	⚠ **주 의** 아이들이 모서리에 다치지 않게 주의하세요.

6

광복부터 대한민국의 발전까지

한국사 뛰어넘기

글 김란향 · 그림 이수영 정인하

열다

더 나은 대한민국을 향해 전진!

    6권에서는 광복 이후부터 현재에 이르기까지 대한민국의 성장 과정을 살펴볼 거야.

    오늘날 우리는 세계 속의 대한민국으로 우뚝 성장했어. 이는 식민지 지배를 이겨 낸 우리 민족의 강인한 정신력과 정의를 외치는 목소리, 그리고 보다 나은 내일을 다짐하며 힘을 모아 열심히 노력한 우리 국민의 땀방울이 있었기에 가능한 일이었어.

    광복 후 새나라 건설을 바라는 우리 민족의 간절한 바람과 노력으로 마침내 대한민국이 세워지는 역사적 순간을 맞았어.

    4·19 혁명을 거쳐 오늘에 이르기까지 부정과 독재에 맞선 우리 국민들의 용감하고 정의로운 행동이 있었기에 이 땅에 민주주의가 뿌리 내릴 수 있었지.

    힘든 환경 속에서도 열심히 일한 근로자들과 잘살아 보겠다는 국민 모두의 다짐과 희망이 있었기에 우리 민족은 '한강의 기적'이라 불리며 세계를 놀라게 한 경제 성장을 이룰 수 있었어.

　외국의 도움을 받던 우리는 이제 세계 곳곳에 도움의 손길을 뻗으며 국제 사회의 일원으로서 그 역할을 톡톡히 해 내고 있어. 또한 우리의 기술과 문화는 '한류'로 불리며 전 세계인을 열광시킬 만큼 크게 성장했어. 특히 88 서울 올림픽과 2002 월드컵 축구 대회의 성공적인 개최는 세계 속의 대한민국으로 당당히 자리매김할 수 있는 밑거름이 되었단다.

　우리는 비록 6·25 전쟁과 분단의 아픔을 겪고 있지만 남과 북이 같은 민족이라는 생각을 갖고 평화 통일을 이루기 위해 노력하고 있어. 남북 이산가족 상봉과 남북 정상의 만남은 이런 노력의 한 부분이야.

　이제 책장을 넘겨 광복 이후 지금의 대한민국을 이루기 위해 우리 민족이 어떤 길을 걸어왔는지 한번 따라가 볼까? 그리고 그 길을 이어 여러분도 용기와 희망을 갖고 더 나은 대한민국을 향해 한 걸음 한 걸음 나아가길 바란다.

김란향

차례

❶ 광복의 기쁨을 맞이하다 · 08
그것도 알고 싶다 광복 직후의 물가가 궁금해요!

❷ 대한민국 정부가 세워지다 · 22
인물 탐구 김구와 이승만의 다른 생각, 다른 삶

❸ 6·25 전쟁의 아픔을 겪다 · 36
종군 기자 리포트 진정한 전쟁의 영웅, 학도 의용군

❹ 민주주의의 불꽃이 일어나다 · 50
만화로 보는 부정 선거 세상에, 이런 선거가!

❺ 한강의 기적을 이루다 · 64
그때 그 시절 패션 쇼 해방 이후 우리의 옷 입는 모습은 어떻게 변했을까?

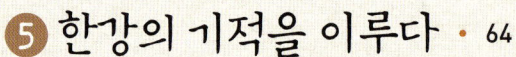

❻ 민주주의가 성장하고 발전하다 · 82
그것도 알고 싶다 대통령 선거 방식은 어떻게 바뀌어 왔을까?

❼ 함께 만들어 가는 대한민국 · 96
집중 탐구 우리나라 복지 정책의 성장

❽ 통일을 위해 노력하다 · 108
우리말 퀴즈 북한 말과 우리말을 비교해 봅시다

❾ 세계 속의 대한민국 · 122
답사 여행 유네스코에 등재된 한국 문화

**1945년
광복을 맞이하다**

1948년
대한민국 정부 수립을
선포하다

1950년
6·25 전쟁이 일어나다

1960년
4·19 혁명이 일어나다

1970년
새마을 운동이
시작되다

1987년
6월 민주 항쟁이 일어나다

광복의 기쁨을 맞이하다

1945년 8월 광복을 맞은 우리 민족은 자유롭고 행복하게 사는 희망을 갖게 되었어. 하지만 광복과 함께 시작한 새 나라 건설은 쉽지 않았어. 광복 직후 우리나라는 북위 38도선을 경계로 남과 북으로 나뉘는 아픔을 겪게 되었어. 왜 그렇게 되었는지 알아볼까?

1997년
외환 위기를 겪다

2000년
남북 정상 회담이
이루어지다

2002년
한·일 월드컵 대회가 열리다

새 나라 건설을 위해 움직이다

　1945년 전 세계 사람들은 제2차 세계 대전이 빨리 끝나고 평화가 오기를 간절히 바라고 있었어. 연합군의 공세 속에 이탈리아와 독일이 항복했지만, 일본은 태평양에서 끈질기게 전쟁을 계속하고 있었어.

　1945년 8월 6일 아침, 미국은 일본의 히로시마에 원자 폭탄을 떨어뜨렸어. 히로시마는 완전히 불에 타서 폐허로 변했어. 세계 최초로 원자 폭탄이 터진 거야. 그리고 3일 후에 미국은 나가사키에 또다시 원자 폭탄을 떨어뜨렸어.

　1945년 8월 15일 낮 12시, 라디오에서 일본 왕 히로히토의 특별 발표가 흘러나왔어.

"본인은 이 시국을 수습하기 위해 더 이상 전쟁을 수행할 수 없다고 판단하고 연합국에 무조건 항복을 선언한다."

방송을 들은 사람들은 거리로 뛰쳐나와 태극기를 흔들며 감격의 눈물을 흘렸지.

"일본이 항복했대요."

"우리나라가 드디어 일본의 지배에서 벗어나게 되었구나. 이게 꿈인지 생시인지 모르겠다."

나라를 빼앗긴 설움을 씻고 식민지의 고통스러운 삶에서 벗어나게 된 사람들은 이제 새 나라를 건설하여 행복하게 살 수 있다는 희망을 갖게 되었어.

국내에서 활동하던 민족 지도자들은 우리 힘으로 우리가 원하는 독립 국가를 세우기 위해 많은 노력을 기울였단다. 그 대표적인 사람이 독립운동가 여운형이야.

여운형은 광복 바로 다음 날, 5천여 명의 군중들 앞에서 연설했어.

"동포 여러분, 광복의 벅찬 소식을 여러분께 전해 드립니다. 우리 모두 힘을 합하여 합리적이고 이상적인 낙원을 건설합시다."

여운형은 마음이 통하는 민족 지도자들과 함께 '조선 건국 준비 위원회'를 조직했고 지방에도 건국 준비 위원회를 설치하여 어수선한 사회 질서를 바로잡고 새 나라를 건설하기 위한 활동에 앞장섰단다.

해외에서 독립운동을 하던 애국지사들도 고국으로 돌아왔어. 1945년 10월에는 미국에서 이승만이 귀국했고, 11월에는 김구를 비롯하여 대한민국 임시 정부의 지도자들이 중국에서 귀국했어.

그런데 광복 직후에 미군과 소련군이 우리나라에 들어와 많은 간섭을 하게 되면서 새 나라를 세우는 일은 순조롭게 이루어지지 못했어.

38도선, 분단의 아픔이 시작되다

제2차 세계 대전은 미국, 영국, 중국, 소련 등이 연합국을 이루어 독일, 이탈리아, 일본 등과 싸운 전쟁이야. 유럽에서 독일의 패배가 분명해지자 미국은 소련에게 일본과의 전쟁에 참전해 달라며 도움을 요청했어.

"일본군을 물리치는 데 소련군도 힘을 보태어 전쟁을 빨리 끝냅시다."

"좋소. 우리 소련군도 일본군을 공격하겠소."

소련은 미국의 요청을 받아들여 1945년 8월 초에 일본에 전쟁을 선포하고 한반도를 향해 빠른 속도로 진격했어. 미국은 소련이 일본을 몰아내고 한반도를 독차지할까 봐 불안해졌어. 그래서 광복 직후인 1945년 9월 초에 미군도 재빨리 한반도에 들어왔지.

"북위 38도선을 경계로 미군은 남쪽에, 소련군은 북쪽에 군대를 주둔시켜 일본군의 무장을 해제합시다."

두 나라는 38도선을 경계로 군대를 주둔시켰을 뿐 아니라 각각 군사 정부를 세웠어.

"사령관 하지는 미 군사 정부의 수립을 선포합니다. 이제부터 여러분은 미 군사 정부의 명령을 따라야 합니다."

"사령관님, 미 군사 정부에서 일할 관리와 경찰은 어떻게 뽑을까요?"

"영어를 잘하는 사람을 뽑으시오. 그리고 과거에 조선 총독부에서 일한 사람들이 아무래도 경험이 많을 테니 그 사람들을 우선 뽑도록 합시다."

광복이 되면서 처벌을 받을까 봐 두려움에 떨던 친일파들은 미 군사 정부의 정책을 기뻐하며 영어를 배우고 미국을 찬양하는 친미파가 되었지.

한편 북쪽에서는 김일성을 비롯한 공산주의자들이 소련군의 도움을 받으며 점차 권력을 장악했어. 공산주의 체제에 반대하는 민족 지도자들과 주민들은 탄압을 피해 38도선을 넘어 남쪽으로 내려왔어.

우리 민족의 의사와 상관없이 미국과 소련이 군사적인 경계선으로 그은 38도선은 남과 북을 갈라놓은 분단선이 된 거야.

모스크바에서 회의가 열리다

1945년 12월에 소련의 수도 모스크바에서 미국, 영국, 소련의 외무부 장관들이 한반도에 나라를 세우는 문제를 의논하기 위해 모였단다. 이 모임을 '모스크바 3국 외상 회의'라고 해.

"한반도에 빨리 새 나라가 설 수 있도록 우리가 도와주어야 합니다. 좋은 의견이 있으면 말씀하십시오."

"우선 한반도에 임시 정부를 세우는 게 좋겠습니다."

"미국과 소련이 공동 위원회를 설치하여 임시 정부 수립을 도와주도록 합시다."

"한반도에 나라가 세워질 때까지 미국, 영국, 소련, 중국이 최대 5년간 신탁 통치를 합시다."

신탁 통치를 한다는 소식이 전해지자 독립 정부의 수립을 바라던 우리 민족은 깜짝 놀랐어.

"우리나라를 강대국들이 신탁 통치를 한대요."

신탁 통치
유엔(국제 연합)의 위임을 받아 특정 국가가 한 지역과 그 지역에 살고 있는 사람들을 통치하는 걸 말해.

"신탁 통치는 식민지 지배와 같습니다. 우리 모두 반대 운동을 합시다."

민족 지도자들이 중심이 되어 신탁 통치에 반대하는 운동이 전국적으로 벌어졌어.

"신탁 통치 반대! 신탁 통치 절대 반대!"

그런데 얼마 지나지 않아 신탁 통치를 찬성하는 쪽으로 의견을 바꾸는 사람들이 생겨났어.

"신탁 통치 찬성!"

"뭐라고! 신탁 통치를 찬성하는 사람은 나라를 팔아먹는 매국노다. 매국노를 몰아내자!"

1945년 12월 27일에 열린 신탁 통치 반대 집회 장면이야.

1946년 3월 20일 서울의 덕수궁에서 미·소 공동 위원회가 열렸어. 미국 대표 하지 중장과 소련 대표 스티코프 중장이 만나 회의를 열고 있어.

처음부터 미국과 소련은 의견 대립을 보였어.

　우리 민족은 신탁 통치를 놓고 찬성과 반대로 의견이 나뉘어 서로 심하게 싸웠어. 게다가 신탁 통치를 반대하는 쪽이 애국자로 평가받자 친일파들은 신탁 통치 반대를 외치며 애국자인 척하기도 했단다.

　신탁 통치 문제로 사회가 혼란스러운 가운데 모스크바 3국 외상 회의의 결정에 따라 1946년 서울에서 미·소 공동 위원회가 열렸어. 우리나라의 독립 정부 수립을 돕기 위해 열린 회의였지만 미국과 소련이 서로 자신들에게 유리한 정부를 세우려는 의견만 내세워서 아무 결론도 얻지 못하고 끝났어.

1947년 다시 미·소 공동 위원회가 열렸지만, 이번에도 아무 성과도 거두지 못했어.

"미국은 소련과 한반도 문제를 놓고 더 이상 대화하기 어렵습니다. 유엔에서 한반도 문제를 결정해 주세요."

미국은 더 이상 한반도에 나라를 세우는 문제에 관여하지 않겠다고 선언하고 이 문제를 유엔(국제 연합)으로 넘겼어. 이제 우리의 나라 건설은 유엔의 결정에 달리게 되었단다.

광복 직후의 생활 모습

광복이 되자 일본인들은 자신들이 가지고 있던 회사와 땅을 모두 팔아서 일본으로 도망갔어. 우리 민족은 일본에 빼앗긴 회사와 땅을 되찾기 위해 서로 힘을 모았어.

"이 회사는 우리 조선 사람들이 피와 땀을 흘려 일하던 곳입니다."

"일본인들이 회사와 공장을 몰래 팔아 버리지 못하게 막아야 합니다."

"이 땅은 원래 내 것이었는데 동양 척식 주식회사에서 강제로 빼앗았어. 이제 일본이 물러갔으니 내 땅을 되찾아 열심히 농사지어야지."

사람들은 땅과 공장을 되찾을 수 있다는 희망을 갖고 열심히 일했어. 그렇지만 미 군정(군사 정부)의 정책은 이들의 희망과는 거리가 멀었어. 미 군정은 신한 공사라는 회사를 만들어 동양 척식 주식회사와 일본인들이 가지고 있던 많은 회사와 땅

동양 척식 주식회사
1908년에 일본이 세운 회사. 대한제국의 쌀과 땅을 일본인들에게 싼 값에 팔아 넘기는 데 앞장섰어.

신한 공사
동양 척식 주식회사와 일본인이 가지고 있던 땅과 공장 등을 관리하기 위해 미 군정이 세운 회사야.

을 모두 신한 공사에 넘겨 버린 거야.

"이제 일본인이 두고 간 땅과 회사는 모두 미 군정 것이요."

"무슨 소리요? 이 땅은 내 것이요. 당장 돌려주시오."

사람들은 미 군정의 정책에 반발하며 땅과 회사를 돌려줄 것을 강력하게 요구했지만 뜻을 이루지 못했어.

광복의 기쁨도 잠시, 우리 민족은 곧 먹고사는 문제로 많은 어려움을 겪게 되었어. 일본의 억압에서 벗어나 자유를 되찾았지만 배고픔과 가난은 여전했어. 신문에는 먹을 것이 없어 굶어 죽는 사람, 배가 고파 남의 물건을 훔친 사람들의 이야기가 자주 실렸어.

일부 돈 많은 상인들이 쌀을 독차지하여 쌀값이 너무 올랐어.

"쌀을 모조리 사들여 창고에 쌓아 둬야지. 그럼 쌀이 없어 너도 나도 쌀을 달라고 애원할 테니 그때 쌀을 비싸게 팔아서 많은 돈을 벌어야겠다."

사람들은 쌀값이 너무 비싸 굶주리게 되었어. 미 군정은 쌀과 소금을 비롯한 생활 필수품에 대한 배급제를 실시했어.

이렇듯 우리 민족은 광복을 맞은 뒤에도 힘든 시간을 보내야 했어.

인도의 독립에 대해 알아볼까?

인도는 영국의 식민지였다가 제2차 세계 대전 후에 독립했어. 우리나라의 김구처럼 인도에서는 간디와 네루가 인도 독립운동에 앞장섰단다. 그런데 우리나라와 달리 인도는 종교 간에 갈등이 매우 심했어. 그래서 독립 후에 종교에 따라 인도, 파키스탄, 방글라데시, 스리랑카의 4개 나라로 분리되었단다. 힌두교도가 많은 지역은 인도, 이슬람교도가 많은 지역은 파키스탄, 그리고 동쪽 파키스탄이 방글라데시로 분리 독립했어. 실론으로 불린 섬 지역은 불교를 믿는 사람이 많았는데 스리랑카로 독립했지.

그것도 알고 싶다

광복 직후의 물가가 궁금해요!

〈서울의 도매 물가 지수〉 (1936년도 물가 지수 100)

연도	물가 지수	연도	물가 지수
1936년	100	1946년 3월	8,415
1944년	241	1947년 3월	35,676
1945년 9월	2,047	1948년 3월	67,066

물가 지수란 물가의 변동을 파악하기 위해 만든 통계 수치야. 위의 표를 보면 1936년도의 평균 물가 지수를 100으로 할 때 1944년의 평균 물가 지수는 241이라고 나와 있는데, 이건 1936년에 비해 물가가 2.41배 올랐다는 뜻이야.
그런데 1945년 9월의 물가 지수는 무려 2,047이니까 1936년에 비해 거의 20배가 오른 거야. 예를 들어 1936년에 과자 한 봉지 값이 100원이라고 하면 1945년 9월에는 똑같은 과자 한 봉지가 2,000원이 넘게 오른 거지. 그로부터 6개월이 지난 1946년 3월에는 100원짜리 과자가 무려 8,415원이 된 거야. 물가가 이렇게 오르니 사람들의 생활이 얼마나 힘들었을지 짐작할 수 있지?
광복 직후에 1,000원으로 살 수 있는 물건에는 무엇이 있었을까?
1946년 신문에 보도된 물건 값을 보면 쌀 한 가마니가 1,700원, 달걀 10개가 55원, 쇠고기 1킬로그램이 110원, 배추 한 통이 80원, 성냥 한 갑이 7원, 빨랫비

북적거리는 1950년대 서울의 시장 풍경이야.

누 한 장이 35원 정도 했어. 그리고 학교 선생님 월급이 평균 1,000~1,500원 정도였고, 기술자는 1,500~2,500원 정도를 받았어. 이 돈으로 5~6명의 가족이 생활했다고 기록되어 있어.

달걀이 100개면 550원이니까, 선생님 월급의 절반이란다. 월급 1,000원을 받아 달걀 200개를 사면 다른 것은 아무것도 살 수가 없었어. 달걀이 얼마나 비싸고 귀했는지 알 수 있지.

지금은 1,000원으로 과자 한 봉지 정도 살 수 있지만 광복 직후에는 1,000원으로 온 가족이 먹고살았다니 1,000원의 가치가 아주 컸지.

지금은 학교 선생님 월급이 평균 300만 원, 쌀 80킬로그램 한 가마니는 25만 원, 쇠고기는 1킬로그램에 3만 원, 배추는 1통에 1,000원, 달걀 10개는 1,500원 정도란다. 선생님 월급으로 몽땅 달걀을 사면 무려 2만 개를 살 수 있지.

광복 직후에는 기술자들의 월급이 상대적으로 높았는데, 그만큼 공업이 중요했다는 뜻이야. 일본이 기술을 거의 독차지했기 때문에 광복 직후에는 공산품이 매우 부족하여 가격이 엄청 비쌌어. 1946년에 성냥 한 갑이 7원인데 지금의 화폐 가치로 계산한다면 7만 원 정도나 되는 비싼 물건이었단다.

1945년
광복을 맞이하다

1948년
대한민국 정부 수립을
선포하다

1950년
6·25 전쟁이 일어나다

1960년
4·19 혁명이 일어나다

1970년
새마을 운동이
시작되다

1987년
6월 민주 항쟁이 일어나다

대한민국 정부가 세워지다

1948년 8월 15일은 대한민국 정부가 세워진 역사적인 날이야.
우리 손으로 직접 국회 의원을 뽑고 헌법을 만드는 감격스러운 일들이 일어났지.
하지만 북한에 김일성을 중심으로 하는 공산주의 정권이 세워지며
통일 정부의 꿈은 이루어지지 못했어. 왜 그렇게 되었을까?

1997년
외환 위기를 겪다

2000년
남북 정상 회담이 이루어지다

2002년
한·일 월드컵 대회가 열리다

통일 정부를 세우기 위해 노력하다

미·소 공동 위원회가 실패로 끝나면서 1947년 11월 유엔에서는 우리나라 문제를 해결하기 위한 총회가 열렸어.

"한반도의 정부 수립을 위해 좋은 의견이 있으면 말씀하십시오."

"남북한 주민들이 다 함께 자유롭게 선거를 하여 통일 정부를 수립하도록 합시다."

"선거가 공정하게 이루어질 수 있도록 유엔에서 감시해야 합니다."

"옳소! 공정한 선거를 위해 유엔 한국 임시 위원단을 조직합시다."

이에 따라 총선거를 관리하기 위해 유엔 한국 임시 위원단이 파견되었어. 그런데 소련은 이들이 북한 지역으로 들어오는 것을 거부했어. 유엔의 결정에 미국의 뜻이 강하게 반영되었기 때문에 불공평하다고 본 거야.

이처럼 소련의 반대로 남북한 총선거가 불가능해지자 유엔은 다시 회의를 열었어.

"한반도의 정부 수립을 위한 해결 방법을 찾아봅시다."

 "유엔의 결정을 찬성하는 남한 지역만이라도 먼저 선거를 실시합시다."
 유엔의 결정에 대해 우리나라 정치 세력들은 서로 다른 의견을 보였어. 이승만 측은 남한만이라도 빨리 선거를 실시하여 단독 정부를 수립해야 한다고 주장했어. 반대로 김구 측은 시간이 걸리더라도 북한과 계속 협상하여 통일 정부를 수립해야 한다고 주장했지.

"더 이상 정부 수립을 미룰 수는 없소! 나 이승만은 이번 유엔의 결정에 적극 찬성하는 바요. 북쪽의 공산주의자들과는 절대로 상대할 수 없소."

"무슨 소리요! 남한만의 단독 선거는 민족을 분열시키는 일이요. 나 김구는 38도선을 베고 죽는 한이 있어도 이번 결정은 절대 찬성할 수 없소. 김일성을 만나 통일 정부 수립에 대해 강력하게 이야기해 보겠소."

1948년 4월 김구는 북위 38도선을 넘어 평양으로 가서 김일성 등 북한 대표들과 만나 약 열흘 동안 남북 지도자 회의를 열었어.

"북한 대표 여러분, 우리 함께 남한만의 단독 선거를 막고 통일 정부를 세우는 데 힘을 모읍시다."

이 회의에서는 남한 단독 정부 수립을 반대하고 미·소 양군의 철수를 요구하는 결의문을 채택했어. 하지만 당시 북한은 이미 북한 단독 정부를 수립하려는 준비를 마친 상태였지. 결국 통일 정부 수립을 위한 김구의 노력은 아무 성과를 거두지 못했고 남과 북의 갈등은 갈수록 심해지게 되었단다.

대한민국 정부가 탄생하다

남북한 총선거 실시가 불가능해짐에 따라 1948년 5월 10일 남한만의 총선거가 실시되었어. 이것을 5·10 총선거라고 해. 비록 통일 정부를 바라는 우리 민족의 꿈은 이루어지지 않았지만 우리나라 최초로 민주적인 절차에 의해 선거가 이루어진 역사적인 날이야.

하지만 김구를 비롯하여 남한 단독 정부 수립을 반대하는 사람들은 5·10 총선거에 참여하지 않았어.

5·10 총선거 투표에 참여하라고 알리는 포스터

"작대기 하나 ○○○후보입니다."

"작대기 둘 △△△후보입니다."

처음으로 해 보는 직접 투표에 우리 국민들은 큰 관심을 보였어.

"내 손으로 직접 국민의 대표를 뽑는 날이 오다니 정말 감격스럽군."

"자네는 누구를 뽑을 건가?"

"나는 작대기 하나 ○○○후보를 뽑을걸세."

"그럼 투표용지에 작대기 한 개가 그려진 곳에 표시하면 되겠군."

당시에는 글을 모르는 사람이 많아서 투표용지에 숫자 대신 작대기로 표시했어. 그래서 후보들도 기호 몇 번 대신 작대기 몇 개로 자기를 알렸단다.

이렇게 뽑힌 국민 대표들에 의해 대한민국의 제1대 국회가 탄생하게 되었어. 대한민국 헌법을 제정한 이 국회를 '제헌 국회'라고 해.

"여러분, 우리는 국민들이 직접 뽑은 국회 의원입니다. 이제 헌법을 만들어 새 나라를 건설합시다."

"나라 이름은 대한민국으로 결정되었습니다. 땅! 땅! 땅!"

"우리나라의 뼈대가 되는 헌법을 공포합니다. 땅! 땅! 땅!"

헌법이 발표된 이날이 바로 7월 17일 제헌절이야. 대한민국 헌법에서 제일 먼저 나오는 내용은 뭘까? 헌법 제1조 제1항은 '대한민국은 민주 공화국이다.'이고, 제2항은 '대한민국의 주권은 국민에게 있고, 모든 권력은 국민으로부터 나온다.'란다. 헌법에 나와 있듯 대한민국은 국민이 주인인 민주주의 국가로 탄생한 거야.

그리고 헌법에 따라 제헌 국회 의원들은 이승만을 대통령으로 뽑았어. 지금은 국민들이 직접 대통령을 뽑지만 그때는 국회 의원들이 국민을 대신해서 대통령을 뽑도록 헌법에 정해져 있었어.

1948년 8월 15일 이승만 대통령은 대한민국 정부가 수립되었음을 국내외에 선포했지.

"……오늘 우리의 새 정부가 세계로 진출하게 되었습니다. 우리는 남에게 배울 것도 많고 도움을 받을 것도 많습니다. …… 가장 중요한 것은 국민 여러분의 충성심과 책임감입니다. …… 모든 어려운 일을 극복하고 대

1948년 8월 15일 대한민국 정부 수립 축하 기념식이 조선 총독부였던 중앙청 앞에서 열렸어.

중앙청 건물은 지금은 철거되고 없어.

한민국 정부가 탄생했음을 전 세계에 선언합니다."

남한에 대한민국 정부가 수립되자 북한은 1948년 9월 김일성을 최고 통치자로 하는 조선 민주주의 인민 공화국 정부를 세웠지. 이로써 우리의 분단은 현실화되었고 남과 북의 대립은 갈수록 심해졌어.

친일파는 어떻게 되었을까

해방 이후에 우리 민족이 해야 할 가장 중요한 일 중의 하나는 친일파를 처벌하여 우리 민족의 정통성을 바로 세우는 일이었어. 친일파를 처벌하자는 움직임은 해방 직후부터 거세게 일어났지.

하지만 조선 총독부에서 일하던 관리와 경찰이 미 군정의 관리와 경찰로 임명되면서 친일파 처벌은 어렵게 되었어. 친일파들은 미 군정에 충성하는 친미파가 되었고 신탁 통치 반대 운동에 적극적으로 나서며 애국자로 돌변하며 민족 지도자 행세까지 했어. 결국 친일파 처단 문제는 대한민국 정부 수립 이후로 넘어가게 되었어.

그런데 친일파들은 대한민국 정부에서도 버젓이 높은 자리를 차지하고 있었어. 그러자 친일파를 처벌해야 한다는 사람들의 목소리는 더욱 거세졌어.

"정부에서 일하고 있는 고위 관리나 경찰 중에 친일파들이 있대."

"뭐라고? 일본의 앞잡이가 살아 있는 것도 억울한데, 정부 관리까지 되었다니 분통이 터지는군."

"친일파를 처단하라! 민족의 반역자들을 관리로 임명한 정부는 즉각 사죄하라!"

1948년 9월 국회는 국민들의 요구를 받아들여 친일파 처벌을 위한 법을 만들었어. 이 법을 '반민족 행위 처벌법(반민법)'이라고 해. 그리고 친일파를 찾아내고 조사하는 '반민족 행위 특별 조사 위원회(반민 특위)'도 설치했어. 반민 특위는 친일파에 대한 체포와 처벌에 적극 나섰고, 이들의 활동은 국민의 뜨거운 지지를 받았어.

"반민 특위 만세! 친일파를 한 놈도 빠짐없이 모조리 잡아들여 그들의 재산을 몽땅 몰수하면 좋겠어."

"아예 대한민국에서 추방해야 해."

"어제 친일파인 노덕술이 잡혔대요."

"노덕술이라면 총독부에서 고위 경찰로 활동하면서 독립운동가들을 고문한 사람이잖아요?"

그러자 두려움에 떨던 친일 세력들은 각종 유언비어를 만들어 반민 특위의 활동을 방해했어.

"반민 특위는 우리 민족을 분열시키는 자들이다."

"반민 특위는 김일성의 명령을 받고 움직이는 공산주의자들이다."

이승만 정부는 친일파 처단에 매우 소극적이었어. 친일파 명단에 정부의 고위 관리와 경찰 간부들이 포함되어 있었거든.

이승만 정부는 반민 특위를 해체하고 친일파 처벌 활동을 중단시켰어. 반민 특위에 의해 체포된 친일파들은 대부분 무죄 판결을 받고 풀려났어. 노덕술을 비롯한 일부 친일파들은 대한민국 정부의 고위 관리와 경찰이 되어 부와 권력을 누렸어.

결국 반민족 행위를 한 친일파에 대한 처벌은 제대로 이루어지지 못했어. 이것은 지금까지도 우리 역사의 큰 잘못으로 자리 잡고 있단다. 참으로 안타까운 일이야.

농지 개혁법을 실시하다

정부가 수립된 뒤 국민들이 먹고사는 문제를 해결하고 경제를 발전시키기 위한 여러 가지 정책이 세워졌어. 전기를 공급하는 발전소가 대부분 북한에 있어 남한은 전력 사정이 좋지 않았어. 그래서 발전소를 세우고 공장을 세우는 데 많은 노력을 기울였단다.

일제 강점기에는 지주 중심의 토지 소유제가 강화되었지. 1945년 무렵에는 전체 경작 면적의 60퍼센트가 지주에게 땅을 빌려서 농사를 짓는 소작지였단다. 해방이 되자 농민들은 농지 개혁을 강하게 요구했어. 이에 정부는 일본인에게 땅을 빼앗긴 농민과 땅이 없어 농사를 짓지 못하는 농민이 자기 땅을 가질 수 있도록 도와주었어.

"이보게, 드디어 나도 땅을 갖게 되었네."

"돈도 없는데 어떻게 땅을 샀나?"

"정부에서 아주 싼 가격으로 땅을 살 수 있게 해 줬어. 게다가 당장 돈이 없는 사람은 5년 동안 나누어 갚아도 된대."

"그래? 나도 알아봐야지. 비록 땅을 살 돈은 없지만 열심히 농사지어서 빨리 땅값을 갚으면 되잖아."

또한 일본인들이 빼앗은 땅이나 공장, 회사를 원래 주인에게 돌려주는 정책도 실시했어.

"30년 만에 내 공장을 다시 찾게 되다니, 꿈을 꾸는 것 같아."

정부는 해방 직후 하루가 다르게 오른 물가로 어려움을 겪는 국민들을 위해 물가를 안정시키려고 노력했어. 어렵고 힘든 사람들과 병들어 아픈 사람들을 도와주기 위한 사회 보장 제도도 마련했지. 국민들은 식민지의 그늘에서 벗어나 안정되고 풍요로운 미래를 꿈꾸게 되었단다.

프랑스의 나치 협력자 처벌

제2차 세계 대전이 끝난 뒤 우리나라의 친일파 처벌처럼 프랑스에서는 나치에 협력한 사람들에 대한 처벌이 이루어졌어. 나치란 독일의 독재자 히틀러를 지지한 사람들을 말해. 제2차 세계 대전 당시 독일과 프랑스는 서로 적대 관계였고 한때 독일은 프랑스를 점령했어. 프랑스의 나치 협력자들은 독일의 앞잡이로 활동하며 나라를 팔아먹은 반역자였지. 전쟁이 끝난 뒤 프랑스 임시 정부 수반인 드골 장군은 나치 협력자들을 철저하게 처벌했어. 1년 6개월 동안 체포되어 조사받은 사람이 99만여 명에 이르렀고, 수천 명 이상이 실제로 사형에 처해졌어. 이에 비하면 우리의 친일파 처벌은 너무나 가볍게 이루어져 부끄러울 따름이란다.

인물 탐구

김구와 이승만의 다른 생각, 다른 삶

우리나라를 대표하는 독립운동가이자 민족 지도자인 김구와 이승만. 두 사람 모두 일본의 식민지 지배에서 벗어나 새 나라를 세우고자 많은 노력을 했지만, 서로 생각이 달랐고 정부가 수립된 뒤에도 각기 다른 삶을 살았단다. 두 사람에 대해 집중적으로 알아볼까?

김구의 생각과 삶

나의 원래 이름은 김창수입니다. 1876년 황해도 해주에서 태어났지요. 젊었을 때는 동학 농민군이 되어 일본군과 싸웠고 명성 황후 시해에 대한 복수를 위해 일본인을 죽인 죄로 체포되어 감옥살이도 했습니다.

우리나라가 일본의 식민지가 되자 독립운동에 나섰습니다. 한인 애국단이라는 독립운동 단체도 조직하여 윤봉길과 함께 상하이 훙커우 공원에 폭탄을 던지는 일을 계획했지요. 대한민국 임시 정부의 최고 자리인 주석에도 임명되어 우리나라의 광복을 위해 노력했습니다.

광복 직후 고국으로 돌아와 새 나라 건설을 위해 많은 노력을 했습니다. 유엔에서 남한만의 단독 정부를 수립한다는 소식을 듣고, 죽는 한이 있어도 이 결정에 찬성할 수 없었습니다. 통일 정부 수립을 의논하고자 평양에 가서 북한 지도자들을 만났지만, 성과를 거두지는 못했습니다. 1948년 5월 10일 남한만의 총선거가 실시되자 나는 이 선거에 참여하지 않았습니다. 그리고 통일 정부를 세우기 위한 노력을 계속했지요.

1949년 6월 26일, 육군 소위인 안두희가 쏜 총에 맞아 눈을 감게 되었습니다. 안두희를 시켜 나를 죽이게 한 사람이 누구였는지 궁금합니다.

이 글을 읽고 있는 여러분, 우리나라가 통일이 되어 하나의 나라가 되길 바라는 나의 소원을 꼭 이루어 주길 바랍니다.

이승만의 생각과 삶

나는 1875년 황해도 평산에서 태어났습니다. 배재학당에 들어가 영어를 비롯한 신학문을 배웠지요. 독립협회의 일원으로 활동하다가 선교사들의 도움으로 미국에 가게 되었습니다. 미국 정부에 일본의 한국 침략을 막아 달라고 호소했지만 효과를 거두지 못했습니다. 그 뒤 공부를 계속하여 프린스턴 대학에서 박사 학위를 받았습니다.

우리나라가 일본의 식민지가 된 뒤 대한민국 임시 정부의 초대 대통령이 되어 독립운동을 했답니다. 나는 우리나라가 독립하는 가장 중요한 방법은 외국의 도움을 받는 것이라 생각하여 외교에 노력했습니다. 특히 미국과의 외교를 매우 중시했습니다.

광복 직후 고국으로 돌아와 나라를 세우는 일에 적극 참여했습니다. 미·소 공동 위원회가 실패로 돌아가자 나는 하루빨리 나라를 세워야 한다고 생각했고, 남한만이라도 먼저 정부를 세우자고 주장했습니다. 나라가 분단되더라도 북쪽의 공산주의자들과는 절대로 상대할 수 없다고 생각했기 때문입니다. 그래서 5·10 총선거에 찬성하고 적극 참여했습니다.

나는 대한민국의 초대 국회의장이 되어 헌법을 만들고 초대 대통령으로 선출되었습니다. 12년 동안 대통령으로 있다가, 1960년 4·19 혁명으로 대통령 자리에서 물러났습니다. 1965년 7월 19일, 망명해 있던 하와이에서 죽음을 맞이했습니다.

1945년
광복을 맞이하다

1948년
대한민국 정부 수립을
선포하다

1950년
6·25 전쟁이 일어나다

1960년
4·19 혁명이 일어나다

1970년
새마을 운동이
시작되다

1987년
6월 민주 항쟁이 일어나다

6·25 전쟁의 아픔을 겪다

1950년 6월 25일 북한의 남침으로 6·25 전쟁이 일어났어. 수많은 사람들이 희생당했고 국토가 황폐화되었으며 산업 시설이 파괴되었어. 전쟁으로 인해 남한과 북한의 불신은 더욱 깊어졌고, 평화 통일은 우리 민족의 큰 숙제로 남겨졌지. 우리 민족의 비극인 6·25 전쟁은 왜 일어났을까?

1997년
외환 위기를 겪다

2000년
남북 정상 회담이
이루어지다

2002년
한·일 월드컵 대회가 열리다

북한이 남한을 침략하다

　남한과 북한에 정부가 세워진 후 북위 38도선 근처에서는 남한과 북한 사이에 크고 작은 군사적 충돌이 끊이지 않았어. 남북의 대립은 갈수록 심해져 서로 상대방을 무너뜨리고 통일을 이뤄야 한다는 주장이 나왔어.

　"이승만 대통령 각하, 북한의 공산 세력을 물리치고 통일을 이룩해야 합니다."

　"좋소, 우선 남쪽에 숨어 있는 공산주의자들부터 찾아내어 북한과의 접촉을 끊도록 하시오."

　북한에서도 남한을 공격하여 공산화시켜야 한다는 주장이 나왔지.

　"김일성 위원장님, 이승만 정부를 무너뜨리고 남한을 공산화해서 통일을 이룩해야 합니다."

　"우선 간첩들을 몰래 내려 보내어 남한을 혼란에 빠뜨리도록 하시오."

　북한은 남한을 침략하기 위해 중국과 소련에 도움을 요청했어. 소련으로부터 탱크 등의 무기를 지원받은 북한은 군사력을 더욱 강화했어.

1950년 6월 28일 서울에 들어온 북한군의 모습이야.

1950년 6월 25일 새벽, 북한군은 탱크를 앞세워 남한을 침략했어. 서울 시민들은 처음에는 38도선 근처에서 자주 있던 작은 전투인 줄 알았어. 하지만 북쪽에서 피란민들이 내려오자 그제야 사태가 심각하다는 걸 알아차렸단다.

맥아더 장군의 인천 상륙 작전

전쟁이 시작된 지 3일 만에 북한군은 서울을 점령했어. 우리 국군은 빈약한 무기로 용감하게 싸웠지만 북한군의 공격을 막아 내지 못했어. 국군

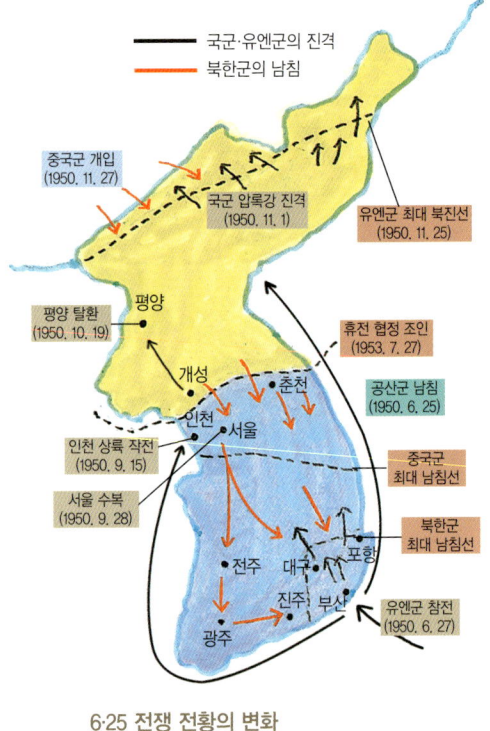

6·25 전쟁 전황의 변화

은 일시적으로 후퇴할 수밖에 없었어. 이승만 정부는 부산으로 피란하여 그곳을 임시 수도로 삼았어.

소련과 중국의 군사적 도움으로 우리보다 군사력이 앞서 있던 북한군은 한 달 후 낙동강까지 내려왔단다.

"소대장님, 북한군이 낙동강까지 내려왔습니다."

"모두 죽을 각오로 낙동강 전선을 지켜야 한다. 여기서 무너지면 남한 전체가 북한의 손에 넘어간다."

한반도의 전쟁 상황을 지켜보던 유엔은 북한을 물리치기 위해 16개국이 참여한 유엔군을 우리나라에 파견했어. 미국의 맥아더 장군이 유엔군 총사령관을 맡았어.

유엔군의 도움으로 국군은 낙동강 전선에서 반격을 시작했어. 1950년 9월 15일 맥아더 장군의 인천 상륙 작전이 성공하면서 전쟁 상황은 국군에게 유리하게 바뀌게 되었지. 그리고 9월 28일에 국군과 유엔군은 서울을 되찾고 평양을 거쳐 10월 26일에는 압록강 연안까지 진격했어.

그러자 크게 당황한 김일성은 중국에 급히 도움을 요청했고, 중국은 대규모 군대를 파견하여 전쟁에 참여했어. 국군과 유엔군은 북한군과 중국군의 공격에 맞서 열심히 싸웠지만 물밀듯이 밀려 내려오는 중국군을 막

맥아더 장군(앞줄 오른쪽 인물)이 인천 상륙 작전을 지휘하고 있어.

아 내기에는 힘이 부족했어.

　중국군의 참전으로 전세는 다시 바뀌어 1951년 1월 4일에 서울은 다시 북한군에게 점령당했어. 국군과 유엔군은 남쪽으로 후퇴했어. 이 일을

1·4 후퇴라고 부른단다. 서울 시민들은 중국군이 밀려온다는 소식을 듣고 대부분 미리 피란을 갔어.

이후 국군과 유엔군은 다시 반격을 가하여 서울을 되찾고 북위 38도선 근처까지 진격했어. 그 뒤 전투는 38도선 일대에서 서로 밀고 밀리는 상황이 반복되었어.

휴전과 분단의 아픔

38도선 일대에서 치열한 전쟁이 계속되는 가운데 한편에서는 전쟁을 끝내고자 하는 휴전 협상이 진행되었어. 1951년 6월

소련이 유엔에 휴전을 제안하자 미국도 이 제안을 받아들이면서 7월부터 휴전 회담이 시작되었어. 그런데 이승만 대통령은 통일을 이루지 못하고 휴전할 수는 없다고 발표했어.

"대한민국 정부는 휴전에 절대 반대합니다. 반드시 북한으로 진격하여 남북한 통일 정부를 세울 것입니다."

휴전 회담은 2년이 지나도록 별 진전이 없었어. 휴전선의 위치, 포로 교환 문제 등에서 의견이 엇갈렸기 때문이야.

북진 통일을 주장하던 이승만 대통령은 미국으로부터 대한민국 정부에 대한 군사적 지원과 경제적 도움을 약속받고 마침내 휴전에 동의했어.

1953년 7월 27일 드디어 휴전이 결정되어 6·25 전쟁은 끝났어. 38도선 대신 휴전선이 남북을 가르는 경계선이 되었지. 그 후 전쟁이 완전히 끝난 것이 아니라 잠시 중단된 휴전 상태가 오늘날까지 계속되고 있어.

1953년 7월 27일 판문점에서 유엔군 대표와 북한군 대표가 휴전 협정문에 서명하는 모습이야.

다시는 저런 전쟁이 일어나지 않아야 해요.

그래, 물론이지!

전쟁의 폐허에서 일어서기 위해 노력하다

3년여 동안 이어진 전쟁은 남북한 모두에게 씻을 수 없는 상처와 엄청난 피해를 가져왔어. 국토는 황폐해졌고 건물, 도로, 철도, 다리 등이 거의 다 파괴되었지. 많은 젊은이들이 전쟁에 나가 희생되었고 무려 500만 명에 이르는 사람들이 죽거나 다쳤어. 가족이 남과 북으로 흩어져 서로 살았는지 죽었는지 확인조차 하지 못했고, 많은 어린이들이 부모를 잃고 고아가 되었어.

전쟁터에서 싸운 군인뿐 아니라 상대편을 도와주었다는 이유로 민간인들도 많이 희생되었어. 북한군이 점령했을 때에는 우리 국군과 경찰에 협조한 공무원, 경찰 등이 북한군에 의해 목숨을 잃거나 고문을 당했어. 반대로 국군이 점령했을 때에는 북한군에 협조한 사람들이 어려움을 겪었단다.

전쟁으로 국토가 황폐해지고 농사를 지을 인구도 줄어들어 농작물 생산이 어려워졌어. 식량이 모자라게 되어 많은 사람들이 굶주림에 시달렸지. 또한 공장이 파괴되어 생활필수품의 생산이 크게 줄어들면서 남북한 모두 경제적 어려움을 겪게 되었어.

휴전 협정이 체결된 뒤 이승만 정부는 경제를 다시 일으키기 위해 온 힘을 기울였어. 전쟁으로 잿더미가 된 땅에 집을 짓고 공장도 세웠어. 미국을 비롯한 여러 나라에서도 많은 물자를 원조해 주었지. 우리나라에서는 원조 물자로 들어온 원료들을 상품으로 만든 밀가루, 설탕, 섬유(면방직) 공업부터 발전하기 시작했어. 그리고 시멘트 공장과 비료 공장을 세워 무너진 도로, 건물 등을 다시 지을 수 있게 되었지.

6·25 전쟁 때 북한군의 공격으로 폐허가 된 서울 을지로의 모습이야.

　　6·25 전쟁은 남북한의 정치에도 큰 영향을 미쳤단다. 남한에서는 공산주의에 반대하는 정책을 강력하게 실시했어.
　　"대한민국 정부는 공산주의를 절대 인정할 수 없습니다. 이제부터 반공 정책을 철저히 실시할 것입니다."
　　북한에서는 김일성이 미국에 반대하는 정책을 펴며 강력한 권력을 행사했어.
　　"미국은 우리의 원수다. 모두 힘을 합하여 미국을 몰아내자."

아이들이 무슨 죄가 있다고!

어린 소녀가 동생을 업고 있어.
6·25 전쟁으로 수많은 아이들이 부모를 잃고 고아가 되었어.

6·25 전쟁으로 인한 정신적인 피해도 이루 말할 수 없었어. 남한과 북한은 같은 민족이라는 사실을 잊은 듯 서로를 원수처럼 여기며 대결 국면으로 치달았어.

중국은 어떻게 분단국가가 되었을까?

중국도 우리나라처럼 분단국가란다. 중국은 1911년에 신해혁명을 겪은 후, 1912년에 청나라가 멸망하고 쑨원이 중화민국을 세웠어. 이후 장제스를 중심으로 하는 자유주의 세력과 마오쩌둥을 중심으로 하는 공산주의 세력이 오랫동안 중화민국의 지배권을 놓고 대립했어. 결국 마오쩌둥이 승리하여 1949년에 공산주의 국가인 중화 인민 공화국을 세웠고, 장제스는 바다 건너 타이완으로 건너갔어. 그래서 현재 중국은 중화 인민 공화국과 타이완, 두 개의 나라로 나뉘어 있단다.

종군 기자 리포트

진정한 전쟁의 영웅,
학도 의용군

전쟁이 일어나자 어린 학생들도 위기에 처한 조국을 구하기 위해 책과 연필 대신 무기를 들고 전쟁터로 뛰어들었어. 어른들이 일으킨 전쟁에서 안타깝게 희생된 학도 의용군에 대해 알아볼까?

1950년 6월 25일, 북한의 기습 남침으로 전쟁이 일어나자 대한민국은 최대 위기에 직면하게 되었어. 국군의 무기나 군사력이 북한군에 비해 떨어지기 때문에 상황은 우리에게 매우 불리하게 돌아갔어. 조국이 위기에 처하자 아직 어린 학생들도 위험한 전쟁터에 뛰어들었으니, 이들을 '학도 의용군'이라고 해. 학도 의용군 중에는 초등학생들도 있었단다.

전쟁이 일어난 직후부터 학도 의용군으로 지원한 학생이 있었지만 처음에는 이들을 바로 전쟁터에 내보내진 않고 위문품 전달이나 부상병 치료를 보조하는 일을 맡겼어. 하지만 전쟁이 일어난 지 3일 만에 서울이 점령당하자 이들을 전선에 투입하게 되었어.

학도 의용군의 활동 중 가장 유명한 것이 포항에서 벌어진 포항여중 전투야. 포항여중에서 북한군에 포위된 71명의 학도 의용군은 국군의 지원을 받지 못한 채 북한군과 치열한 전투를 벌여야 했어. 네 차례에 걸친 전투에서 이들은 끝까지 저항했지만 결국 목숨을 잃거나 북한군에게 잡히고 말았어. 이 전투에 참여한 중학교 3학년 이우근 학도병은 꼭 살아서 돌아오겠다는 어머님과의 약속을 지키지 못하고 끝내 목숨을 잃었지.

포항여중에서 학도 의용군이 북한군과 싸움을 하는 사이에 국군은 병력을 재정비하여 북한군을 몰아내고 포항을 탈환할 수 있었어.

안타깝게도 당시 참전한 학도병이 정확히 몇 명인지는 확인되지 않지만 약 2만 7,700명의 학도병이 참전한 것으로 보여. 각 학교별로 파악된 학도 의용군 중 전사자가 1,394명에 이른다고 하는데, 전체 학도병의 숫자도 정확히 확인되지 않았으니 전사한 학도병의 수도 실제로는 더 많을 거야.

이렇게 각지에서 활동하던 학도 의용군은 1951년 2월 28일 학교로 돌아가라는 복교령이 내려지면서 해체되었어. 제대로 된 군사 훈련도 받지 못한 채 오로지 조국을 지키겠다는 애국심으로 전쟁터에 뛰어든 학도 의용군들이야말로 진정한 전쟁의 영웅들이야.

1945년
광복을 맞이하다

1948년
대한민국 정부 수립을 선포하다

1950년
6·25 전쟁이 일어나다

1960년
4·19 혁명이 일어나다

1970년
새마을 운동이 시작되다

1987년
6월 민주 항쟁이 일어나다

4

민주주의의
불꽃이 일어나다

6·25 전쟁 이후 정치적인 혼란과 경제적인 어려움 속에서도 국민들은 민주주의를 지키기 위해 노력했어. 바로 이승만 정부의 장기 집권에 저항하여 4·19 혁명을 일으킨 거야. 1960년 4월 19일 학생들과 시민들이 거리로 뛰쳐나온 이유는 무엇일까? 그들이 죽음을 무릅쓰고 얻고자 한 것은 무엇이었을까?

1997년
외환 위기를 겪다

2000년
남북 정상 회담이
이루어지다

2002년
한·일 월드컵 대회가 열리다

이승만이 집권을 연장하다

이승만 정부는 부정부패한 사람들을 몰아내고 친일파를 처벌해 달라는 국민들의 요구에 매우 소극적으로 대처했어. 이로 인해 이승만 정부에 대한 국민들의 실망이 커진 가운데 6·25 전쟁이 일어나기 직전인 1950년 5월에 제2대 국회 의원 선거가 치러졌어.

"국민 여러분, 이승만 정부는 친일파나 부패한 사람들을 제대로 처벌하지 못했습니다."

"저, 기호 3번 ○○○은 이승만 정부의 잘못을 바로잡을 것입니다."

"그래, 이번 선거에서는 이승만 정부를 지지하는 후보가 아닌 사람을 국회 의원으로 뽑아야겠다."

선거 결과 이승만 정부에 비판적인 생각을 가진 후보들이 국회 의원에 많이 당선되었어. 따라서 이승만은 국회 의원이 대통령을 뽑는 방식으로는 1952년에 실시될 제2대 대통령 선거에서 당선되기가 어렵게 되었지.

"대통령 각하, 정부에 반대하는 이들이 의원에 많이 당선됐습니다."

"나를 반대하는 의원이 많으니 다음 선거에서 대통령에 당선되기가 어렵겠군. 대통령을 한 번 더 하려면 국민이 대통령을 직접 뽑는 것으로 헌법을 고쳐야겠어."

이승만은 자신의 의견에 적극 찬성하는 사람들을 모아 자유당이라는 정당을 만들었어. 그리고 1952년에 대통령을 국민이 직접 뽑을 수 있도록 헌법을 새로 고쳤어. 헌법을 고치는 것에 반대하는 국회 의원이 나오지 못하도록 국회에 경찰과 군대, 폭력단을 동원하여 의원들을 감시했지. 이렇게 개정된 헌법에 따라 이승만은 국민의 직접 선거로 제2대 대통령에

1952년 7월 부산의 피란 국회에서 대통령 선거를 직선제로 치르기 위한 헌법 개정안이 통과되었어. 이것은 사실상 이승만의 대통령 재선을 위한 개헌이었어.

자리에서 일어나 찬반을 표시했어.

당선되었어.

대통령에 재선된 이승만은 권력을 강화하면서 장기 집권을 위한 준비 작업을 벌였어. 하지만 헌법에 의하면 대통령은 두 번만 할 수 있으므로 이미 두 번 대통령이 된 이승만은 더 이상 대통령이 될 수 없었어.

"대통령 각하, 이번 임기가 끝나면 더 이상 대통령을 할 수 없습니다."

"그럼 헌법을 또 개정해야겠군."

이승만은 국민들의 반대를 무릅쓰고 초대 대통령인 이승만에 한해서 몇 번이고 대통령을 할 수 있도록 헌법을 개정했어. 그리고 1956년 제3대 대통령 선거에 출마했어. 이승만에 대한 국민들의 불만은 더욱 높아졌지.

"부패한 이승만 정부 아래에서는 더 이상 못 살겠다. 다른 후보를 대통령으로 뽑아 새로운 대한민국을 만들자!"

"옳소! 못 살겠다! 갈아 보자! 새로운 후보를 대통령으로!"

'못 살겠다! 갈아 보자!'라는 야당 측 후보의 구호에 대해 이승만 측은 '갈아 봤자 더 못 산다!'라는 구호를 내세우며 대항했어. 결국 이승만은 제3대 대통령에 당선되었어.

하지만 여기서 그치지 않고 이승만은 1960년 또다시 제4대 대통령 선거에 출마했단다.

3·15 부정 선거가 이루어지다

이승만이 네 번째로 대통령에 출마하자 국민들의 불만이 폭발했어. 자유당 정권은 이승만이 대통령에 당선되기가 쉽지 않을 것임을 예상했어.

"이승만 대통령에 대한 국민들의 반감이 심하니 정당한 방법으로 선거

1960년 3월 14일에 촬영한 선거 선전 벽보를 보면 민주당의 조병옥 대통령 후보가 갑자기 죽는 바람에 사진이 비어 있는 것을 볼 수 있어. 이승만은 대통령 후보로 혼자 출마하게 되어 당선이 확실시되었어.

를 치르면 안 될 게 뻔합니다."

이승만 정권은 12년이나 이어진 장기 집권을 더 연장하고, 이미 85세나 된 이승만 대통령이 갑자기 죽을 경우 대통령 승계권이 있는 부통령에 이기붕을 당선시키기 위해 수단과 방법을 가리지 않고 대대적으로 부정 선거를 저질렀어. 공무원, 마을 이장, 경찰, 정치 깡패들을 동원하여 상대방 후보의 선거 운동을 방해했어.

대구에서는 상대방 후보의 연설 장소에 학생들이 가지 못하도록 일요일에 학생들을 학교에 나오게 한 일도 있었어. 학생들은 이런 지시에 강력하게 반발했지.

"일요일에 학생을 등교시키는 것은 법에 어긋나는 일이다."

"야당 후보의 연설을 못 듣게 하다니, 정부는 반성하라!"

또한 이승만 정권은 미리 만들어 놓은 투표함을 통째로 바꿔치기하는 부정도 저질렀어. 바꿔치기한 투표함에는 이승만에 동그라미를 한 투표 용지를 미리 가득 넣어 두었지.

이런 혼탁한 상황 속에서 1960년 3월 15일, 제4대 대통령과 부통령을 뽑는 선거가 실시되었어. 선거 당일부터 경상남도 마산에서는 부정 선거에 항의하는 학생과 시민들의 시위가 거세게 일어났어.

아직 어린 학생들이 들고 일어났어.

1960년 3월 15일 마산에서 학생과 시민들이 이날 선거는 무효라고 외치며 시위를 벌였어.

"3월 15일의 선거는 부정 선거다."

"이승만 정권은 잘못된 선거를 무효로 하고 즉각 선거를 다시 하라."

이날 경찰이 시위대에 마구 총을 쏘아 여러 명이 죽거나 다쳤어.

결국 부정 선거를 통해 이승만은 제4대 대통령에 당선되었고 이기붕은 부통령에 당선되었어.

마산에서 처음 일어난 부정 선거 항의 시위는 이후 전국 곳곳으로 번져 나갔어. 그리고 4월 11일 아침, 3월 15일 마산 시위 때 실종되었던 김주열 학생의 시체가 처참한 모습으로 마산 앞바다에 떠올랐어.

이 소식이 전해지자 학생과 시민들의 분노는 더욱 끓어올랐고 이승만 정권과 부정 선거에 항의하는 시위는 더욱 거세졌어.

대통령은 물러나라!

4월 19일, 시위는 절정에 달했어. 서울을 비롯한 대도시에서 학생들은 앞장서서 시위에 나섰어. 대학생은 물론 등교하던 중·고등학생까지 교복을 입은 채 시위에 참여하여 민주주의를 외쳤어. 심지어 초등학생도 시위에 참여했어.

정부는 경찰을 동원하여 사람들을 향하여 총을 쏘았고 서울에서만도 100여 명이 목숨을 잃었어. 그러자 국민들은 부정 선거에 항의할 뿐만 아니라 이승만이 대통령 자리에서 물러날 것을 요구했어.

"3·15 부정 선거 다시 하자."

"죄 없는 학생들을 죽인 이승만은 대통령 자격이 없다."

"이승만은 대통령 자리에서 물러나라!"

대학 교수들도 시위를 벌였어.

"우리 제자들이 민주주의를 외치며 죽어 가고 있다."

"이승만은 물러나라!"

4월 26일 이승만은 국민의 뜻에 따라 대통령 자리에서 물러나겠다고 발표했어.

"나 이승만은 국민이 원한다면 대통령 자리에서 물러나겠습니다. 그리고 잘못된 선거는 다시 하도록 지시하겠습니다."

국민들은 목숨을 걸고 부패한 정권에 맞서서 승리를 거뒀어. 우리나라 민주주의 발전에 밑거름이 된 이 일을 4·19 혁명이라고 부른단다. 4·19 혁명을 통해 국민들은 민주주의는 정치인이 아닌 국민들이 싸워서 얻어 내는 것이라는 사실을 깨달았어. 그리고 국민의 지지와 믿음을 얻지 못하는 정권은 존재할 수 없음을 보여 주었지.

4·19 혁명 당시 민주주의를 위해 나선 부모, 형제들에게 무력을 행사하지 말아 달라고 호소하는 초등학생들의 모습이야.

5·16 군사 정변이 일어나다

4·19 혁명으로 이승만 대통령이 물러나면서 자유당 정권도 무너지고 새로운 정부가 들어섰어. 헌법도 새로 고치고, 새 헌법을 바탕으로 국회 의원 선거가 실시되어 새로운 국회가 조직되었어.

새로 구성된 국회에서 대통령에 윤보선, 국무총리에 장면이 선출되어 새 정부가 들어서게 되었지.

국민들은 새 정부에 큰 희망을 걸었어.

5·16 군사 정변 직후 서울 시청 앞에 서 있는 박정희(가운데에 검은 안경을 쓴 사람)의 모습이야.

"3·15 부정 선거의 책임자를 모두 처벌해 주십시오."

"이승만 정부에서 부당하게 재산을 모은 자는 모두 처벌해 주십시오."

"민주 정치를 실현하고 나라 경제를 발전시켜 주십시오."

하지만 새 정부는 1년도 안 되어 무너졌어. 박정희를 중심으로 한 일부 군인들이 5·16 군사 정변을 일으켰거든. 4·19 혁명으로 타오른 민주주의에 대한 국민들의 열망은 5·16 군사 정변으로 인해 또다시 시련에 부딪쳤어. 박정희와 그를 따르는 군인들은 무력으로 새 정부를 무너뜨리고 군사 정부를 세웠어.

군사 정부는 부통령이 없는 대통령 중심제로 헌법을 또다시 고쳤어. 그리고 새 헌법에 따라 1963년 10월에 실시된 대통령 선거에서 박정희가 대통령에 당선되면서 박정희 정부가 세워졌어.

대통령을 물러나게 한 필리핀의 민중 혁명

4·19 혁명으로 이승만 대통령이 물러난 것처럼 1986년 필리핀에서는 민중 혁명으로 독재자 페르디난드 마르코스 대통령이 물러났어. 어떻게 된 일인지 알아볼까?

미국에 망명했다가 1983년 대통령 선거에 나가려고 필리핀으로 돌아온 베니그노 아키노가 비행기에서 내리자마자 머리에 총을 맞고 사망했어. 필리핀 국민은 마르코스 대통령이 정치적 라이벌인 아키노를 암살했다고 생각했어. 아키노의 부인인 코라손 아키노는 남편을 대신하여 1986년 야당 단일 후보로 대통령 선거에 나섰지만 패배했어. 마르코스가 부정 선거를 저질렀기 때문이지. 필리핀 국민은 반정부 시위를 벌이며 민주화를 요구했어. 마침내 21년 동안 필리핀을 통치하던 마르코스는 대통령 자리에서 물러나 하와이로 망명하고 코라손 아키노가 새 대통령으로 취임했단다.

만화로 보는 부정 선거

세상에, 이런 선거가!

3·15 부정 선거는 여러 가지 형태로 나타났어. 유권자에게 막걸리와 고무신을 사 주는 건 기본이었지.

전체 유권자의 40퍼센트나 되는 예비 기권자의 투표용지를 확보해서 미리 이승만 이름 밑에 동그라미 표시를 해서 투표함에 넣어 두었어.

그것이 뜻대로 안 되면 투표함을 옮기는 도중에 미리 이승만을 찍은 투표용지를 넣어 둔 투표함과 바꿔치기했어.

세 명이 짝을 지어 투표소에 들어가 자유당 후보를 찍은 것을 확인한 뒤 투표지를 투표함에 넣기도 했어.

다른 사람 이름으로 대리 투표를 하기도 했어.

선거 당일부터 부정 선거를 규탄하는 시위가 벌어졌어.

1945년
광복을 맞이하다

1948년
대한민국 정부 수립을 선포하다

1950년
6·25 전쟁이 일어나다

1960년
4·19 혁명이 일어나다

1970년
새마을 운동이 시작되다

1987년
6월 민주 항쟁이 일어나다

한강의 기적을 이루다

6·25 전쟁의 상처를 딛고 우리나라는 경제 발전을 위해 노력했어. 그 결과 1961년 4,000만 달러였던 수출액이 1977년에 100억 달러를 돌파했어. 우리나라의 놀라운 경제 성장을 세계는 '한강의 기적'이라고 부르며 감탄했어. 이런 기적은 어떻게 이루어졌을까?

1997년
외환 위기를 겪다

2000년
남북 정상 회담이 이루어지다

2002년
한·일 월드컵 대회가 열리다

경제 개발 계획을 세우다

박정희 정부는 국가의 경제 발전을 위해 경제 개발 5개년 계획을 세우고 경제 성장 정책을 적극 추진했어. 1962년부터 실시된 경제 개발 5개년 계획은 모두 4차에 걸쳐 실시되었어.

제1차 경제 개발 5개년 계획(1962년~1966년)은 옷, 신발, 식료품 등 생활에 꼭 필요한 물건들을 생산하는 데 목표를 두었어. 그 결과 국민들은 점차 풍요로운 삶을 누리게 되었지.

제2차 경제 개발 5개년 계획(1967년~1971년)은 주로 생활의 편리함을 가져다주는 산업을 키우는 쪽으로 진행되었어. 경부 고속 도로를 건설하고 비료, 시멘트, 석유 산업 등을 키웠어. 1970년에는 우리나라의 최초의 고속 도로인 경부 고속 도로가 개통되었고 1973년에는 호남 고속 도로와 남해 고속 도로, 1975년에는 영동 고속 도로와 동해 고속 도로가 개통되었어. 그 밖에 지방 도로도 많이 건설되어 전국은 1일 생활권이 되었어.

"나는 어제 고속버스를 타고 부산에서 열린 친척 결혼식에 다녀왔어."

개통 당시 경부 고속 도로의 모습이야. 고속 도로의 건설로 전국 어디나 하루에 다녀오는 게 가능해졌어.

경부 고속 도로는 국가의 대동맥이라 불렸어요.

"전에는 서울에서 부산까지 가려면 하루 종일 기차를 타고 가야 했는데, 이제는 고속버스를 타면 하루 만에 부산에 가서 볼일을 보고 다시 돌아올 수 있단 말이야?"

"그럼! 전국 곳곳에 고속 도로가 시원하게 뚫려서 전국이 하루 생활권이 되었어."

제3차, 4차 경제 개발 5개년 계획(1972년~1981년)은 기계, 자동차, 가전제품 등을 생산하는 중화학 공업 분야를 적극적으로 키웠어. 다른 산업에 기초 소재를 제공하기 위해 포항 제철(현재의 포스코)을 건설하고 배를

서울 지하철 1호선이 1974년 8월 15일에 개통되었어.

만들기 위한 조선소와 자동차 공장을 세웠어. 전기를 공급하기 위해 원자력 발전소도 건설했단다.

1974년에는 서울역에서 청량리역까지 지하로 연결하는 서울 지하철 1호선이 개통되어 사람들을 놀라게 했어.

"땅 밑으로 달리는 기차를 타 보셨어요?"

"그럼, 난 회사까지 지하철을 타고 다녀."

경제 개발 5개년 계획의 추진으로 우리나라 경제는 매년 평균 10퍼센트

가까이 성장했어. 수출도 많이 늘어 1977년에는 수출액이 100억 달러에 이르렀어. 정부는 새로운 해외 시장을 개척하고 경제 발전에 공이 큰 사람에게 '산업 훈장'을 수여하고 기업에는 '수출 탑'을 주며 격려했어.

　세계는 우리의 경제 성장을 기적과도 같은 일이라고 놀라워하며 '한강의 기적'이라고 표현했어.

새마을 운동이 일어나다

　박정희 정부는 도시에 비해 점점 더 뒤처져 가는 농촌을 발전시키기 위해 1970년대 초부터 새마을 운동을 실시했어. 경제 개발 5개년 계획이 주로 도시 중심의 공업 발전을 위한 노력이었다면, 새마을 운동은 그동안 상대적으로 소홀했던 농촌을 근대화하고 농민들의 생활을 향상시키려는 운동이야.

　새마을 운동을 통해 농촌에서는 수확량도 많고 돈도 많이 벌 수 있는 새로운 농작물을 심고, 마을 길도 넓히고, 초가지붕도 고치는 등 잘살기 위한 노력이 이루어졌어.

　"통일벼를 심었더니 쌀 수확량이 확 늘었어!"

　"우리 마을은 집집마다 전기가 들어오고 길도 넓어졌지."

　"자동차가 마을 안으로 들어올 수 있어 농산물을 내다 팔기 편해졌어."

　"우리 마을은 아침마다 새마을 운동 노래를 들으며 하루를 시작한다네. 늦잠을 자던 내 동생도 아침 일찍 일어나게 되었어."

　"새벽종이 울렸네~~ 새 아침이 밝았네~~ 너도 나도 일어나 새마을을 가꾸세~~ 살기 좋은 내 마을 우리 힘으로 만드세~~!"

정부가 중심이 되어 시행된 새마을 운동으로 농촌은 근대화되었고 농민들의 생활 수준이 향상되었어. 농촌에서 시작된 새마을 운동은 점차 전국적으로 퍼져 도시와 공장 및 직장에서도 시행되었어. 새마을 운동은 '부지런하자(근면), 스스로 노력하자(자조), 서로 돕자(협동)'라는 구호 아래 국민의 정신을 개혁하는 운동으로까지 확대되었어.

하지만 새마을 운동은 농촌이 안고 있는 근본적인 문제를 완전히 해결해 주지는 못했어. 농가의 소득과 생활 수준이 높아진 건 사실이지만, 여전히 농사만 짓고는 먹고살기가 빠듯했지. 그래서 많은 사람들이 더 많은 돈을 벌 수 있는 일거리를 찾아 도시로 떠났고, 농촌에는 주로 노인들만 남게 되었어.

베트남 전쟁에 우리 군인을 보내다

베트남은 미국의 지원을 받은 자유주의 세력과 그에 맞선 공산주의 세력으로 나뉘어 전쟁을 치르고 있었어. 미국은 베트남이 공산주의 나라가 되는 것을 막기 위해 많은 군인들을 보냈어. 그리고 베트남이 공산화되면 아시아 전체가 위험해진다며 다른 나라들에도 베트남 전쟁에 군대를 지원해 줄 것을 요청했단다.

1966년 7월 국민들의 환송을 받으며 우리 군인들이 부산항에서 베트남으로 떠나는 모습이야.

우리나라는 베트남에 군대를 보내기로 했어. 대한민국 최초로 국군이 해외로 파견되었지.

베트남에 한국군을 보내 준 보답으로 미국은 우리나라 경제 발전에 필요한 돈을 빌려 주기로 약속했어. 그리고 국군의 군사력을 강화하는 데 필요한 무기도 지원해 주기로 했어.

"미국이 돈을 빌려 준다니 그 돈으로 경제 발전을 위해 많은 일을 할 수 있겠군."

"무기도 지원해 준다고 하니 국군의 무기도 현대화되어 전투력이 더욱 강화될 것입니다."

베트남에 국군을 파견한 것은 1964년부터 1973년까지 계속되었어. 육군과 해군, 의료 업무를 맡은 부대, 태권도를 가르치는 부대 등이 파견되었는데 우리나라는 미국 다음으로 많은 군사를 파견한 나라가 되었어.

베트남에 군대를 파견한 결과, 국군의 전투력이 강화되고 경제 활동이 활발해져 경제 성장에 많은 도움이 되었어. 그렇지만 베트남 전쟁으로 대한민국의 수많은 젊은이가 희생되었고, 전쟁의 후유증으로 지금까지도 몸과 마음이 불편한 참전 용사들이 많단다.

미군과 우리 국군을 비롯한 여러 나라의 군대가 베트남의 공산화를 막기 위해 열심히 싸웠지만 결국 베트남은 공산화되었어.

바다를 건너 세계로, 세계로

해방 당시 해외에서 우리나라 사람이 가장 많이 살던 곳은 만주와 일본이었어. 주로 국내에서 살기 어려워 새로운 생활 터전을 찾아 떠나거나, 일제의 식민 정책에 의해 강제로 옮겨 간 사람들이었지.

박정희 정부는 이민이나 해외로 나가 일하는 것을 적극 장려했어. 덕분에 우리나라 사람들과 기업의 해외 진출이 활발해졌고 이들이 해외에서 벌어들인 돈은 국가 경제 발전에 큰 보탬이 되었어.

1970년대에 우리 건설 회사가 시공한 사우디아라비아의 지잔 항만 공사 장면이야.

독일에는 주로 간호사와 광부를 파견했고 브라질을 비롯한 남아메리카에는 농업 이민을 많이 보냈어. 독일에 파견된 광부와 간호사는 대부분 한국으로 돌아왔지만 일부는 그곳에 정착하여 동포 사회를 형성했어.

1965년부터는 미국 이민도 활발해져 한국인들은 미국의 주요 도시에서 '코리아 타운'이라 불리는 한인촌을 형성했지.

1970년대는 사우디아라비아와 쿠웨이트 등 중동 지역에 많은 건설 회사와 노동자들이 파견되었어. 1973년 사우디아라비아의 고속 도로 건설 공사를 시작으로 우리의 건설 기술자들이 중동에 많이 진출했어.

"여보, 사우디아라비아에 가서 열심히 일해 돈을 벌어 오겠소."

"아빠, 그 나라는 날씨가 매우 더운 곳이래요. 저희는 열심히 공부할 테니 아빠는 사우디아라비아에서 몸조심하세요."

> **중동**
> 서아시아와 북동 아프리카의 석유가 많이 생산되는 지역이야.

중동 지역은 대부분 낮에는 섭씨 40도가 넘을 정도로 기온이 높아 일하기가 매우 힘든 곳이야. 하지만 우리 건설 노동자들은 더위도 아랑곳하지 않고 열심히 일했어. 허허벌판이었던 사막 지역에 우리 손으로 만든 건물, 도로, 공장 등이 하나둘 들어서게 되었지.

우리나라 건설 노동자들의 성실함과 부지런함은 중동 사람들을 놀라게 했어. 덕분에 우리 기업들은 많은 믿음을 얻었고 중동 사람들은 우리 기업과 건설 노동자들에게 많은 일을 맡겼어.

당시 사우디아라비아 국왕은 밤까지 일하는 우리 건설 노동자들을 보고 깜짝 놀랐다고 해.

"아니, 밤까지 저렇게 부지런히 일하는 사람들은 누굽니까?"

"대한민국 건설 노동자들입니다."

"역시 대한민국은 믿을 만한 나라군요. 앞으로 더 많은 건설 공사를 대한민국에 맡기도록 하시오."

덕분에 우리는 중동에서 많은 외화를 벌어들이게 되었어. 1974년 건설 수주액이 8,900만 달러에서 1975년에는 7억 5,100만 달러로 무려 9배 가까이 늘어났어. 1980년대 초반까지 수많은 한국 건설 기업과 총 인원 100만 명에 이르는 건설 노동자들이 중동 지역에 진출했지.

해방된 지 30년도 안 되어 우리는 바다를 건너 전 세계로 뻗어 나가며 대한민국을 널리 알리게 되었어.

1970년대 서울 여의도에 세워진 아파트 단지

경제 성장의 빛과 그림자

우리나라가 6·25 전쟁의 상처를 딛고 짧은 기간에 큰 경제 성장을 이룰 수 있었던 것은 잘살아 보자는 정부의 강한 의지와 국민들의 부지런함 덕분이었어. 그 결과 1979년 1인당 국민 소득은 제1차 경제 개발 5개년 계획이 시작된 1962년에 비해 19배 이상 증가했어.

경제 성장을 통해 국민의 생활이 매우 윤택해졌어. 전기, 전화, 자동차, 텔레비전이 집집마다 보급되면서 생활이 매우 편리해졌지. 대도시에는 높은 빌딩들이 줄줄이 들어섰고 도로도 넓게 재정비되었어.

우리 경제는 짧은 기간에 눈부신 발전을 이룩했지만 여러 가지 문제도 많이 생겨났어. 먼저 경제 성장의 혜택이 국민 모두에게 골고루 돌아가지 않아 부자와 가난한 사람들의 빈부 격차가 갈수록 벌어졌어. 또 경제 성장에 필요한 돈을 외국에서 빌리다 보니 갚아야 할 빚도 점점 늘어났지.

경제 개발 정책이 도시 중심의 공업화 위주로 진행되면서 농촌의 젊은이들이 더 나은 일자리를 찾아 도시로 몰려들었어. 1960년 농촌 인구는 전체 인구에서 58퍼센트를 차지했지만, 1970년에는 45퍼센트 미만, 1980년에는 28퍼센트 정도로 크게 줄었어.

"젊은이들이 모두 도시로 떠나니 농사일은 누가 할지 걱정이야."

"그렇다고 도시로 가는 아이들을 잡을 수도 없잖아요."

1970년대 서울 금호동의 산꼭대기까지 다닥다닥 들어선 주택들

　몰려든 사람들로 인해 도시에는 교통 문제와 주택 문제가 발생했어. 서울이나 대도시의 변두리에 있는 높은 지대에는 이른바 달동네, 판자촌 등 생활이 어려운 사람들이 모여 사는 빈민촌이 등장했지. 이런 곳에는 물도 잘 나오지 않고, 여러 집이 화장실 한 칸을 공동으로 써야 했어.

　이렇듯 한강의 기적 뒤에는 어두운 그늘 속에 또 다른 아픔을 겪으며 살아가는 사람들도 많이 있었어. 경제 성장의 가장 어두운 그림자는 노동자들의 희생이었지. 노동자들은 긴 노동 시간과 낮은 임금에 시달렸어.

정부나 기업에서는 수출을 많이 하려면 그렇게 할 수밖에 없다는 입장이었거든.

1970년 11월 13일 평화시장에서 재단사로 일하던 전태일은 몸에 불을 붙인 채 노동자들의 비참한 현실을 개선해 달라고 외쳤어.

"우리는 기계가 아니다!"

"노동자들을 혹사시키지 마라!"

전태일의 죽음으로 노동 운동이 전국으로 퍼져 나갔어. 노동자들은 노동조합을 만들어 근로 조건을 개선했어. 노동자뿐 아니라 대학생과 종교인, 정치가들도 노동자들의 문제에 관심을 갖고 함께 해결책을 찾기 위해 노력했어.

한강의 기적과 독일 라인 강의 기적

우리나라에 '한강의 기적'이 있다면 독일에는 '라인 강의 기적'이 있단다. 라인 강은 유럽에서 공업이 가장 발달한 지역을 지나는 강으로, 독일의 상징으로 알려져 있어. 제2차 세계 대전에 패배한 뒤 독일은 국토가 완전히 폐허가 되었어. 국가는 너무나 가난했고 사람들은 추위와 배고픔에 시달렸어. 독일 국민들은 모두 이를 악물고 잘살기 위해 노력했어. 혼자 있을 때에는 성냥불도 켜지 않고, 사람들이 여러 명 모여야 성냥 하나를 켤 정도로 지독히 물자를 아껴 썼어. 이와 같은 국민들의 피땀 어린 노력으로 독일은 10년 만에 세계 경제 대국 10위 안에 들 정도로 놀라운 경제 성장을 이룩했단다. 세계는 이런 독일의 눈부신 발전을 '라인 강의 기적'이라고 칭찬했어.

그때 그 시절 패션 쇼

해방 이후 우리의 옷 입는 모습은 어떻게 변했을까?

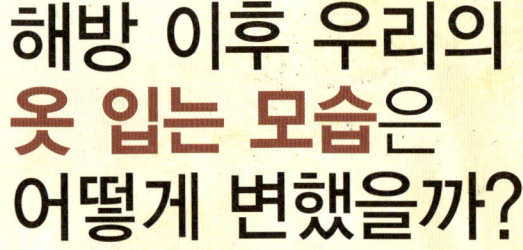

당시 대도시에서 볼 수 있는 복장이야.

1950년대에는 서양의 옷이 막 들어오기 시작했어. 서민들의 일반적인 옷이야.

장발 단속

1970년대에는 젊은 남자들 사이에서 장발(긴머리)이 유행했는데 경찰에서 머리 길이까지 단속했단다.

청바지와 나팔바지

1970년대에는 청바지가 등장했고 바지통이 나팔처럼 넓은 나팔바지가 유행했어. 당시 청바지는 젊음의 상징이었단다.

미니스커트

1960년대에는 미니스커트가 등장하여 사람들을 놀라게 했어. 여성들이 무릎 위를 드러내는 옷을 입는다는 것은 당시에는 상상도 할 수 없었어. 그래서 짧은 치마를 입은 여성들을 경찰이 단속하기도 했단다.

단속 경찰이 30센티미터 자로 무릎부터의 길이를 재서 미니스커트를 입은 여성을 단속했단다.

1945년
광복을 맞이하다

1948년
대한민국 정부 수립을
선포하다

1950년
6·25 전쟁이 일어나다

1960년
4·19 혁명이 일어나다

1970년
새마을 운동이
시작되다

1987년
6월 민주 항쟁이 일어나다

6 민주주의가 성장하고 발전하다

1960년대부터 우리 경제는 크게 발전했지만 민주주의는 시련을 겪게 되었어.
하지만 우리 국민의 민주화 의지는 5·18 민주화 운동으로 다시 살아났고
1987년 6월 민주 항쟁으로 민주주의를 되찾았지.
민주주의를 뿌리내리기 위해 국민들은 어떤 노력을 했을까?

1997년
외환 위기를 겪다

2000년
남북 정상 회담이
이루어지다

2002년
한·일 월드컵 대회가 열리다

유신 체제가 무너지다

경제 개발 5개년 계획을 통해 경제 성장을 이룩한 박정희는 국민들의 많은 지지를 얻었어. 이를 바탕으로 1967년 제6대 대통령에 당선되었지.

우리나라 헌법에는 초대 대통령인 이승만을 제외하고는 대통령을 두 번까지만 할 수 있고 그 누구도 세 번을 할 수는 없다고 정해져 있었어. 하지만 계속해서 정권을 잡고 싶었던 박정희는 대통령을 세 번까지 할 수 있도록 헌법을 고치려 했어. 이것을 '3선 개헌'이라고 해.

이승만의 장기 집권을 경험한 국민들은 크게 반발했어.

"헌법을 고치는 것은 민주주의를 무시하고 오랫동안 권력을 차지하려는 것이다."

"헌법을 고치는 것을 절대 반대한다."

대학생들을 중심으로 국민들이 거세게 반대했지만, 3선 개헌안은 국회에서 통과되었어. 그리고 곧바로 국민 투표에 붙여져 투표자의 65퍼센트의 찬성으로 확정되었어.

1972년 서울 장충체육관에서 통일 주체 국민 회의 대의원들이 제8대 대통령 선거 투표를 하고 있어. 박정희 후보가 단독으로 나와 99.9퍼센트 찬성으로 당선되었어.

체육관에서 대통령을 뽑았구나!

　박정희는 1971년 신민당의 김대중 후보를 꺾고 제7대 대통령에 당선되어 세 번 연속 대통령이 되었지. 하지만 박정희는 그것으로 만족하지 못하고 한 사람이 횟수 제한 없이 계속해서 대통령을 할 수 있도록 헌법을 다시 만들어 발표했어. 이 헌법을 '유신 헌법'이라고 하고, 유신 헌법을 바탕으로 하는 정치를 '유신 체제'라고 해.

　"유신 헌법을 국민 여러분께 발표합니다. 이제부터 대통령 출마 횟수의 제한을 폐지하고 대통령 선거는 '통일 주체 국민 회의'라는 기구에서 실시

비상계엄
전쟁 같은 국가의 비상사태에 질서를 유지하기 위해 군대를 동원하는 것을 말해.

할 것을 선언합니다."

1972년 박정희는 비상계엄을 선포하고 유신 헌법을 통과시켰어. 유신 헌법에 따라 대통령을 국민이 직접 뽑을 수 없게 되었을 뿐만 아니라 대통령이 국회 의원의 3분의 1과 법관을 임명할 권리까지 모두 갖게 되었어.

대통령 한 사람에게 모든 권력이 집중된 유신 헌법은 민주주의의 기본 원리에서 크게 어긋난 법이야. 전국 곳곳에서 유신 헌법에 반대하는 국민들의 목소리가 터져 나왔어.

"민주주의를 억압하는 유신 헌법을 폐지하라."

박정희 대통령은 민주주의를 바라는 국민들의 요구를 무시하며 강하게 맞섰어. 유신 체제로 우리나라의 민주주의는 커다란 시련에 부딪혔지.

하지만 유신 체제도 끝이 보이기 시작했어. 1979년 10월 16일 부산에서 시작된 유신 반대 시위는 마산까지 퍼져 나갔어. 정부는 비상계엄을 선포하며 무력으로 시위를 진압하려 했어.

그러던 중 1979년 10월 26일 박정희 대통령이 당시 중앙정보부 부장이었던 김재규가 쏜 총에 사망하면서 유신 체제는 막을 내렸단다.

5·18 민주화 운동에 나선 사람들

박정희 대통령이 사망한 후 국민들은 민주주의가 다시 살아날 것이라는 큰 기대를 가졌어. 하지만 1979년 12월 12일 전두환이 이끄는 일부 군인들이 군사 정변을 일으키면서 국민들의 기대는 무너지고 말았어.

국민들은 전두환 세력이 물러날 것을 요구하며 대대적인 민주화 운동을

1980년 5월 서울역 광장에 모인 학생들이 어깨동무를 하고 시위를 벌이는 모습이야.

시작했어.

"무력으로 권력을 장악한 전두환은 물러나라"

1980년 5월부터 서울에서는 민주주의를 요구하는 학생들의 대규모 시위가 벌어졌어. 전두환은 비상계엄을 확대하고 민주화 운동에 참여한 많은 시민과 학생, 정치인들을 체포하고 탄압했어.

특히 1980년 5월 18일 광주에서는 민주화 운동이 크게 일어났어.

하지만 전두환은 광주의 민주화 운동을 무력으로 강력히 진압했어.

1980년 5월 21일 광주 금남로에서 시민들과 계엄군이 대치하고 있는 장면이야.

"광주에서 시위를 벌이는 자들은 국가를 어지럽히는 폭력배들이다. 모두 체포하라."

광주에 계엄군이 투입되어 민주화를 요구하는 시민들과 대학생들의 시위를 무자비하게 진압했어. 그래도 시위가 계속되자 마침내 계엄군은 시민들을 향해 총을 쏘았어.

"계엄군이 총을 쏘아 많은 광주 시민이 죽었다. 광주 시민이여, 계엄군과 맞서 싸우자."

 분노한 광주 시민들은 무기를 빼앗아 무장하고 맞섰지만 5월 27일 결국 계엄군에 의해 진압되었어.

 광주 시민들이 민주화를 외치며 계엄군에 저항한 이 사건을 '5·18 민주화 운동'이라고 한단다. 5·18 민주화 운동은 4·19 혁명, 유신 반대 운동

등과 함께 민주주의에 어긋난 독재 정권에 저항한 운동이야. 유신 체제로 꺼져 가던 민주주의의 불꽃은 5·18 민주화 운동으로 다시 살아나게 되었고 국민들의 민주주의에 대한 의식은 더욱 성장하게 되었단다.

6월 민주 항쟁

5·18 광주 민주화 운동을 무력으로 진압하여 정권을 잡은 전두환은 유신 헌법의 내용을 자기들에게 유리하게 뜯어 고쳐 계속 정권을 유지하고자 했어.

"대통령 임기는 7년으로 연장하고, 대통령 선거는 정부가 조직한 대통령 선거인단에서 선출한다."

정부가 발표한 헌법의 내용에 국민들은 크게 실망했어.

"대통령을 우리 손으로 뽑지 못하다니 유신 체제와 다를 게 없잖아."

"이번 발표는 민주주의에 크게 어긋나는 일이야."

전두환은 국민들을 공포 분위기로 몰고 가는 정치를 했어. 민주주의를 외치는 정치인과 시민, 언론인을 탄압했어. 방송사와 신문사를 마음대로 없애거나 통합하여 언론사를 손아귀에 넣고 언론을 철저히 통제했어.

하지만 민주주의를 간절히 바라는 학생과 시민들은 국민의 손으로 대통령을 뽑는 새로운 민주주의 헌법을 만들고 군사 독재를 끝내야 한다고 외쳤어. 5·18 민주화 운동을 겪으며 다시 살아난 민주주의에 대한 열망은 빠르게 번져 나가 1987년 6월에는 전국에서 민주주의를 요구하는 국민들의 시위가 거세게 일어났지. 이를 '6월 민주 항쟁'이라고 한단다.

6월 민주 항쟁에는 학생들뿐 아니라 일반 시민들도 많이 참여했어. 특히 점심 시간이나 퇴근 시간 때가 되면 넥타이를 매고 정장을 깔끔하게 차려입은 사무직 종사자들이 시위에 적극적으로 참여했는데, 이들을 '넥타이 부대'라고 불렀단다.

"대통령을 국민의 손으로 직접 뽑을 수 있도록 하라."

"민주주의에 어긋나는 헌법을 고집하는 전두환 정권을 몰아내자."

이때 시위에 가담한 연세대학교 학생 이한열이 경찰의 최루탄에 맞아 쓰러지는 사건이 발생하자 더 많은 시민들이 시위에 동참했어.

시위 도중 최루탄을 맞아 사망한 이한열의 장례 행렬이야. 그를 추모하는 많은 시민들이 서울 시청 앞 광장에 모여 있어.

국민의 손으로 직접 대통령을 뽑은 제13대 대통령 선거 선전 벽보야. 야권의 김영삼 후보와 김대중 후보가 모두 선거에 나서는 바람에 여당이 승리를 거뒀어.

    마침내 당시 전두환 대통령이 속해 있던 여당의 대통령 후보였던 노태우는 국민의 요구를 받아들이겠다고 발표했어.
    "저는 국민의 요구에 따라 대통령을 국민이 직접 뽑을 수 있도록 하는 민주 헌법을 만들고 국민의 기본권을 보장하겠습니다."
    6월 민주 항쟁으로 국민 모두가 한마음이 되어 군사 독재 정권의 계속적인 권력 장악을 막아 내고 민주화를 이룰 수 있었어. 노태우의 선언대로 전두환 정부는 국민들이 대통령을 직접 뽑는 내용으로 헌법을 고쳤어.

이렇게 해서 1971년에 치러진 대통령 선거 이후 16년 만에 국민들이 대통령을 직접 뽑게 되었어.

1987년 12월에는 새로 바뀐 헌법에 따라 대통령 선거가 실시되었어. 많은 사람들이 민주화 운동에 앞장선 야당 후보가 당선될 것이라고 예상했지만, 여당의 노태우 후보가 제13대 대통령에 당선되었어. 야권이 분열된 채 후보 단일화를 이루지 못해 여당에 승리를 안겨 주었단다.

중국 톈안먼 사건과 6월 민주 항쟁의 닮은 점과 다른 점

중국에서는 1989년 6월 4일에 베이징의 톈안먼(천안문) 광장에서 민주화를 요구하는 시위가 일어났어. 전국에서 모인 학생과 지식인들은 부정부패를 몰아내고 민주적인 개혁을 요구하며 톈안먼 광장 앞에서 대규모 시위를 벌였어. 중국 정부는 군인을 동원하여 탱크와 장갑차로 학생들을 위협했어. 군인들이 쏜 총에 맞아 많은 학생들이 목숨을 잃었고, 시내 곳곳에서도 수많은 시민과 학생들이 죽거나 다쳤어. 결국 중국 학생들의 민주화 운동은 정부의 무력 진압으로 인해 실패로 끝나고 말았어.

톈안먼 사건과 우리의 6월 민주 항쟁은 학생과 시민이 중심이 되어 일어난 민주주의 운동이라는 점에서 닮은꼴이야. 하지만 우리는 6월 민주 항쟁으로 대통령 직선제를 비롯한 민주화를 이루었지만 중국은 그렇지 못했다는 것이 다른 점이란다.

그것도 알고 싶다

대통령 선거 방식은 어떻게 바뀌어 왔을까?

우리나라 대통령 선거는 처음에는 국회에서 선출하는 간접 선거 방식으로 실시되었어. 이후 대통령을 오랫동안 계속하고 싶어 하는 사람들의 욕심으로 여러 차례 헌법이 바뀌고 대통령 선거 방식도 바뀌었어. 현재는 국민이 직접 대통령을 선출하는 직접 선거가 시행되고 있단다.

1948년 초대 헌법 | 대통령 간접 선거 실시

대통령 임기는 4년, 2회만 대통령을 할 수 있도록 법으로 정했어. 국회에서 이승만이 대통령에 선출되었어.

1952년 개헌 | 대통령 직접 선거 실시

히히히, 작전 성공이야!

간접 선거를 하면 불리하다고 본 이승만 정권이 국민 투표로 대통령을 직접 선출하도록 헌법을 고쳤어. 이승만이 제2대 대통령에 당선되었어.

여기서 잠깐!

이승만은 정권을 계속 유지하고 싶어 이승만에 한해서만 횟수 제한 없이 대통령을 계속할 수 있도록 헌법을 고쳤어.

4·19 혁명 후 | 대통령 간접 선거 실시

내각 책임제여서 실권은 총리에게 있고, 난 상징적인 대통령일 뿐이야.

대통령을 다시 국회에서 선출하도록 헌법을 고쳤어. 국회에서 윤보선을 대통령으로 선출했어.

1945년
광복을 맞이하다

1948년
대한민국 정부 수립을 선포하다

1950년
6·25 전쟁이 일어나다

1960년
4·19 혁명이 일어나다

1970년
새마을 운동이 시작되다

1987년
6월 민주 항쟁이 일어나다

함께 만들어 가는 대한민국 ⑦

6월 민주 항쟁의 승리로 대통령 직접 선거가 이루어졌어. 대한민국이 국민의 힘으로 정치적 기적을 이루어 냈다고 전 세계에서 칭찬이 쏟아졌지. 그 뒤 외환 위기를 맞았지만 우리 국민은 기적처럼 이겨 내어 다시 한 번 세계를 놀라게 했어. 우리 국민이 힘을 모으면 또 어떤 기적을 만들어 낼 수 있을까?

**1997년
외환 위기를 겪다**

2000년
남북 정상 회담이 이루어지다

2002년
한·일 월드컵 대회가 열리다

평화적인 정권 교체가 이루어지다

국민의 직접 선거로 뽑힌 제13대 노태우 대통령에 이어 1992년 말에 김영삼 후보가 제14대 대통령에 당선되었어. 헌법도 고치지 않고 군사력을 동원한 혼란도 없이 오로지 국민의 투표로 대통령이 바뀌게 된 거야.

김영삼 정부는 5·16 군사 정변 이후 30여 년 만에 들어선 민간 정부야. 국민이 직접 뽑은 국민의 정부라는 뜻을 강조하기 위해 '문민 정부'라고 부르기도 해.

김영삼 정부 때에는 민주주의 발전과 경제 정의를 이루기 위해 노력했지. 또한 공무원들의 부정부패를 막기 위해 직위가 높은 공무원의 재산이 얼마인지 모든 국민들에게 알렸단다.

"○○○장관은 재산이 5억이래요."

"앞으로 ○○○장관의 재산이 더 늘어나면 어떻게 모은 돈인지 잘 살펴봐야겠군."

그리고 '역사 바로 세우기'를 내세워 전두환과 노태우 전 대통령에 대한

제15대 대통령 취임식 장면이야. 야당 후보였던 김대중 대통령이 취임하면서 평화적인 정권 교체가 이루어졌어.

잘못을 밝혀내기도 했어.

김영삼 대통령에 이어 제15대 대통령 선거에서는 야당 후보인 김대중 후보가 대통령에 당선되었어. 정부 수립 이후 처음으로 선거를 통한 여야의 정권 교체가 이루어진 거야. 정권 교체 과정에서 무력이나 국민들의 희생 없이 오로지 국민 투표로 평화적인 정권 교체가 이루어졌단다.

"오늘은 대한민국 역사에서 매우 뜻 깊은 날입니다."

"무력이나 국민의 희생 없이 평화롭게 정권이 바뀌었습니다."

이로써 국민이 나라의 주인이라는 사실이 분명해지고, 우리나라의 민주주의는 한 단계 더 발전하게 되었어. 대한민국 국민이 모두 함께 만들어 낸 정치적 기적이라고 할 수 있지.

지방 자치 제도가 이루어지다

지방 자치 제도는 '우리 지방은 우리 스스로 다스린다'는 의미를 담고 있어. 지방에서 일할 일꾼을 중앙 정부에서 임명하는 것이 아니라 그 지방의 주민들이 직접 선거를 통해 뽑는 거란다. 지방 선거로 뽑는 일꾼에는 도지사, 시장, 군수, 도의원, 시의원 등이 있어. 이들은 각 지방의 여러 가지 일을 책임지는 사람들이야.

우리나라에서는 1949년에 지방 자치법이 만들어진 후 1952년에 불완전하게나마 지방 의원 선거가 실시되었어. 1960년에는 최초로 서울특별시장과 도지사 등을 선거로 뽑았지. 하지만 1961년에 5·16 군사 정변으로 군사 정권이 들어서면서 중단되었어. 그러다가 1991년에 다시 시작되었

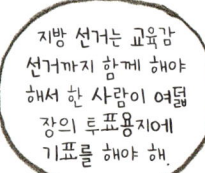

시민들이 지방 선거를 앞두고 1인 8표 투표하기를 체험하고 있어.

는데 이때는 일부 지역에서만 지방 자치 제도가 이루어졌어. 1995년에는 도지사를 비롯하여 시장, 군수 등을 지방 주민이 직접 선출하는 지방 자치 제도가 전국적으로 시행되었어.

"우리 시를 책임질 시장을 우리 손으로 직접 뽑는다는군."

"시장, 도지사뿐 아니라 구청장, 군수까지 다 우리가 직접 뽑잖아."

"시의원, 구의원도 우리가 직접 뽑을 수 있으니 앞으로 우리 지역이 더욱 발전하겠네."

대통령부터 지방의 일꾼까지 모두 국민이 직접 뽑게 되면서 우리나라의 민주주의는 크게 발전하게 되었어. 1948년 처음으로 국민의 손으로 국회 의원을 뽑으며 시작된 우리의 민주주의는 그동안 여러 차례 많은 어려움을 겪었지. 하지만 그때마다 국민들은 한목소리로 민주주의를 외치며 독재 정치에 저항했어. 우리나라에서 민주주의가 빠르게 성장한 것은 우리 국민의 강한 민주 의식 덕분이란다.

외환 위기를 이겨 내다

외환 위기란 우리나라가 가지고 있는 외화(달러)가 매우 부족하여 외국에서 빌린 돈을 갚지 못하게 되는 어려운 경제 상황을 말해. 1990년대에 우리나라는 수출을 많이 하여 세계 10위권에 드는 무역 국가가 되었어. 그러다가 1997년 경제적으로 큰 어려움에 처하게 되었어. 외국에 갚아야 할 돈이 바닥이 나서 외환 위기를 겪게 된 거야.

김영삼 정부는 IMF(국제 통화 기금)에 외화를 빌려 달라고 도움을 요청했어. IMF는 외화를 빌려 주는 대신 우리나라에 여러 가지 경제 정책을 요구했어. 우리는 IMF의 요구에 따라 튼튼하지 않은 은행과 회사는 문을 닫게 하는 구조 조정을 했어. 이로 인해 많은 직장인들이 일자리를 잃어 실업자가 늘어났어. 무엇보다 잘사는 사람과 가난한 사람들의 차이가 더욱 심해져 많은 사회적 문제가 나타났단다.

"아빠가 다니던 직장이 문을 닫아서 우리 집은 여유가 없어졌어. 그래서 놀이공원도 못 가고 맛있는 것도 사 먹을 수가 없어."

"우리는 더 작은 집으로 이사 갔어. 그리고 엄마는 밤늦게까지 식당 일을 하셔서 엄마 얼굴을 잘 볼 수도 없어."

국민들은 외환 위기를 이겨 내기 위해 노력했어. 집에 있는 금붙이를 모아 나라 빚을 갚자는 '금 모으기 운동'을 벌이며 다 함께 힘을 모았지.

"우리 모두 금을 모아 국가가 진 빚을 갚는 데 도움을 줍시다."

사람들은 반지, 목걸이 등 장롱 속에 넣어 둔 금을 아낌없이 내놓았어.

"아이 돌 반지를 가져왔어요. 얼마 안 되지만 조금이나마 도움이 되고

싶어요."

　이렇게 해서 모인 금을 수출하여 우리나라는 IMF로부터 지원받은 돈의 10분의 1을 갚을 수 있었어. 우리나라의 '금 모으기 운동'은 세계 어느 나라에서도 볼 수 없는 놀라운 모습이었어.

　"한국의 금 모으기 운동은 정말 대단한 일입니다. IMF로부터 도움을 받은 나라 중에서 이런 일을 한 나라는 한국밖에 없습니다."

　이처럼 국민의 노력에 정부의 노력이 더해져 2001년 김대중 정부는 IMF로부터 빌린 돈을 약속한 날짜보다 더 빨리 갚았어.

　나라가 어려움에 처하자 팔을 걷어붙이고 나선 우리 국민들의 나라 사랑 정신은 다른 나라에도 좋은 본보기가 되었어.

호주제를 없애다

호주제는 가족을 대표하는 호주를 중심으로 가족을 꾸리는 제도야. 우리나라는 가족 단위로 호적을 만드는데 호주를 할아버지 또는 아버지, 아들 등 집안의 남성으로 정하고 이 호주를 중심으로 나머지 가족들이 태어나고 결혼하고 죽는 등의 변화를 호적에 기록했어.

호주제는 남성 중심의 가족 제도였기 때문에 여성은 어려서는 아버지가 호주인 호적에, 결혼을 하면 남편이 호주인 호적에, 늙으면 아들이 호주인 호적에 올라가야 했어. 호주제는 호주를 이어받는 순위를 장남-기타 아들-미혼의 딸-아내-어머니-며느리 순으로 정해 놓아 아들이 딸보다 더 중요하다는 생각을 하게 만들었고, 아들이 어머니나 누나보다도 위에 있는 것처럼 보이게 하여 가족 서열을 혼란스럽게 만들었어. 자녀는 당연히 아버지의 성을 물려받았고, 부부가 이혼해도 호주인 아버지가 자녀의 법정 대리인이 될 수 있었어. 이처럼 호주제는 여성을 차별하는 비민주적이고 권위적인 제도였지.

경제가 발전하면서 사회로 진출해 직장에 다니는 여성이 많아졌고, 핵가족과 맞벌이 부부가 많이 늘어나면서 사회와 가정에서 여성이 차지하는 위치가 크게 높아졌어. 남녀 관계는 평등한 관계로 나아가게 되었지. 시민 단체와 여성 단체는 우리 사회가 참다운 평등 사회로 나가기 위해서는 호주제를 반드시 없애야 한다고 목소리를 높였어.

"호주제는 남녀를 차별하는 제도입니다."

"호주제를 없애 가정에서부터 남녀평등을 이룩합시다."

2005년 3월 호주제를 폐지하는 법안이 국회를 통과했고, 2008년 1월 1

일부터 이 법이 시행되면서 호주제는 사라졌어. 자녀의 성도 아버지뿐 아니라 어머니, 새아버지의 성을 따를 수 있게 되었어. 여성들은 가정과 직장, 사회와 국가의 모든 분야에서 남성과 조화로운 동반자 관계를 맺게 되었어.

호주제가 폐지되면서 우리나라도 남성 중심의 사회에서 벗어나 참다운 남녀평등의 민주 사회로 나아가게 되었단다.

2005년 3월 국회에서 호주제 폐지를 골자로 한 민법 개정안이 통과되자 회의장 밖에서 이를 지켜보던 여성계 인사들이 만세를 부르며 환호하는 모습이야.

평화로운 정권 교체를 이루어 낸 넬슨 만델라

넬슨 만델라는 남아프리카공화국(남아공)에서 백인과 흑인의 평등 선거로 뽑힌 최초의 흑인 대통령이야. 남아공은 아주 적은 수의 백인들과 인구의 대다수를 차지하는 흑인들로 이루어진 나라로, 오랫동안 백인들이 흑인들을 심하게 차별했어. 인종 차별 법을 만들어 흑인들이 사는 지역을 따로 만들고 흑인들에게는 정치에 참여할 수 있는 참정권도 주지 않았지. 이에 흑인들은 평등을 외치며 백인들의 차별 정책에 강하게 맞섰어. 결국 흑인들의 투쟁은 승리를 거두어 인종 차별 법은 폐지되었고 흑인들은 참정권을 얻게 되었어.

이후 남아공은 흑인과 백인이 평등한 새로운 정부를 세우고 1994년 민주적인 절차에 따라 대통령 선거를 실시했어. 선거 결과 흑인인 넬슨 만델라가 승리를 거두어 남아공 최초의 흑인 대통령이 되었어. 만델라 대통령은 흑인과 백인을 골고루 관리로 임명했어. 이로써 남아공은 흑인과 백인의 화해와 함께 평화로운 정권 교체를 이루게 되었단다.

집중 탐구

우리나라 복지 정책의 성장

우리나라는 정부가 수립된 후 국민 모두가 인간다운 삶을 살 수 있도록 여러 가지 복지 정책을 실시했어. 여성, 청소년, 노인, 장애인, 가난한 사람 등 사회적으로 힘이 약한 사람들이 차별받지 않고 골고루 혜택을 누리게 하기 위한 복지 정책은 어떻게 성장했을까?

1950년대
전쟁으로 부모를 잃은 아이들을 위한 고아원이 많이 생겼어.
양로원 같은 노인 보호 시설도 등장했어.
전쟁으로 국가가 어려움에 처했기 때문에 복지 분야에도 외국의 도움을 많이 받았어.

1960년대~1970년대
공무원, 군인, 교사들을 위한 연금법이 만들어졌어.
아픈 사람들을 위한 의료 보험법이 만들어졌어.
전쟁에 나가 어려움을 당한 군인들을 위해 국가 유공자 보호법이 만들어졌어.
어린이 복지를 위한 아동 복지법이 만들어졌고, 이에 따라 어린이집이 생겼어.
노동자들이 일하며 생긴 피해를 보상해 주기 위한 법도 만들어졌어.

1980년대
복지 정책이 활발하게 시행된 시기야. 국민들의 건강과 나이 들어 은퇴한 뒤 행복한 삶을 누릴 수 있도록 의료 보험과 국민 연금 제도가 전 국민을 대상으로 확대되었어.
장애인이 차별받지 않고 인간다운 삶과 권리를 보장받을 수 있도록 장애인 복지법이 만들어졌어.
남녀 고용 평등법을 만들어 고용에 있어 여성이 남성과 평등한 기회 및 대우를 보장받을 수 있도록 했어.

1990년대

국민의 최저 생활을 보장하고 생활 수준을 높이기 위해 사회 보장 기본법이 마련되어 노인과 가난한 사람들을 도울 수 있게 되었어.
회사 사정으로 직장을 잃은 실업자들에게 일자리를 구할 때까지 약간의 생활비를 국가가 보장해 주었어.

2000년대 이후

정부가 쓰는 예산에서 복지를 위한 비용이 갈수록 늘어나고 있어. 하지만 OECD(경제 협력 개발 기구) 국가와 비교하면 우리의 복지 수준은 아직 충분하지 않아. 복지가 잘되어 있을수록 선진국에 더욱 가까워진다고 할 수 있어.

선진국

1945년
광복을 맞이하다

1948년
대한민국 정부 수립을
선포하다

1950년
6·25 전쟁이 일어나다

1960년
4·19 혁명이 일어나다

1970년
새마을 운동이
시작되다

1987년
6월 민주 항쟁이 일어나다

⑧ 통일을 위해 노력하다

1970년대부터 남북한 정부는 대화를 통해 서로 화해하고 협력하면서 교류를 시작했어. 남북 이산가족이 만나게 되었고 경제 협력과 문화, 스포츠 분야의 교류도 이루어졌단다. 2000년에는 마침내 남북 정상이 처음 만나는 역사적인 일이 일어났지. 우리의 소원인 통일은 언제쯤 이루어질까?

1997년
외환 위기를 겪다

**2000년
남북 정상 회담이
이루어지다**

2002년
한·일 월드컵 대회가 열리다

북한의 변화

광복 이후 북한에서는 김일성이 소련 군정의 지원을 받으며 공산주의 체제를 강화했어. 북한에서는 개인의 사유 재산을 인정하지 않아 공장이나 땅은 모두 국가의 소유가 되었어. 게다가 김일성과 공산당의 명령에 따르지 않는 사람들을 감옥에 가두거나 죽이자 많은 북한 주민들은 불안과 공포에 떨었어.

6·25 전쟁이 끝난 뒤 김일성은 전쟁에서 패배한 책임을 돌리고 자신의 권력을 강화하기 위해 정치적 경쟁자들을 숙청해 버렸어. 사실상 김일성의 독재 체제가 굳어졌지. 날이 갈수록 김일성 개인에 대한 우상 숭배가 심해졌고, 북한 주민들은 김일성에 대한 절대적 충성을 강요받았어.

북한은 6·25 전쟁으로 파괴된 국토 복구 사업에 힘쓰며 중공업 중심의 급속한 경제 발전을 추구했어. 하지만 많은 무리가 뒤따르며 1960년대 중반부터 경제가 주춤하기 시작했어. 남한과 군비 경쟁을 계속하며 군사비를 너무 많이 쓰다 보니 경제 사정이 악화될 수밖에 없었어. 게다가 중국과 소련이 계속 다투는 바람에 전처럼 북한을 도와줄 수가 없었지.

특히 1990년대를 전후로 하여 전 세계적으로 공산주의가 점차 무너지면서 북한 경제는 더욱 어려움에 빠졌어. 식량도 부족해서 국제기구들의 원조가 이어졌어. 그런데도 북한은 군사력 강화에 힘쓰며 심지어 핵무기와 대량 살상 무기를 개발하기 위해 많은 비용을 지출했단다.

김일성은 자신이 죽은 뒤를 대비하여 아들인 김정일을 후계자로 내세웠어. 1994년 김일성이 사망하자 김정일은 북한 정권의 최고 권력자인 국

방 위원회 위원장이 되어 북한을 통치했어. 2011년 김정일이 죽자 그의 아들인 김정은이 북한의 최고 지도자가 되었어.

남한과 북한이 대화를 시작하다

날카롭게 대립하던 남한과 북한은 1970년대에 들어서면서 화해 분위기를 만들며 대화를 시작했어. 그 첫걸음으로 1971년에 남북 적십자 회담을 열고 이산가족 문제를 놓고 대화를 나누었어.

1972년에는 통일 문제를 의논하기 위해 해방 이후 최초로 남과 북의 대표자들이 만남을 가졌어. 그리고 통일에 대한 원칙을 발표했지.

"남과 북은 다른 나라의 도움을 받지 않고, 우리 민족 스스로 평화적인 방법으로 서로 힘을 모아 통일합시다."

이후 남북의 대표자들은 통일을 위한 대화를 위해 여러 번 만남을 가졌지만 북한 측에 의해 대화가 중단되었어.

1980년대에 접어들면서 남북 대화가 다시 이어졌고, 1990년 이후에 많은 결실을 맺었어. 김영삼 정부 때에는 북한의 김일성과 정상 회담을 갖기로 했지만 1994년 김일성이 갑자기 사망하면서 정상 회담은 열리지 못했단다.

남과 북에 흩어져 있던 이산가족이 만나다

남북 분단으로 만날 수 없었던 이산가족은 오랫동안 살았는지 죽었는지조차 모른 채 서로 그리워하며 지냈어. 그러다가 1971년 남북 적십자 회담이 열리며 이산가족 찾기 운동이 시작되었고, 1985년 이산가족의 만남

이 최초로 이루어졌어. 분단 이후 처음으로 '이산가족 고향 방문단 및 예술 공연단'이 서울과 평양을 각각 방문하여 가족과 친척을 만났어.

"어머님, 이 불효자식이 이제야 어머님께 절을 올립니다. 흑흑!"

"죽기 전에 아들을 만나니 이제 더 이상 바랄 것이 없구나."

이산가족들이 만나 끌어안고 우는 장면을 보고 온 국민도 함께 울었어.

남북 이산가족의 만남과 더불어 예술 공연 행사도 함께 이루어져 남북의 예술단이 각각 서울과 평양을 방문하여 공연했어.

이산가족의 만남은 이후 북한의 거부로 계속되지 못하다가 2000년에 다시 이루어져 수많은 이산가족들이 만남의 기쁨을 나누게 되었단다.

남북 정상이 만나다

김대중 정부는 북한과 경제 협력과 교류를 확대하는 정책을 실시했어. 이 정책으로 북한과 남한의 관계는 긴장이 풀리며 서서히 좋아지기 시작했어. 그리고 마침내 2000년 6월 13일 김대중 대통령이 평양을 방문하여

한반도가 분단된 이후 남북 정상이 처음으로 만난 장면이야. 평양 순안 공항에 도착한 김대중 대통령을 김정일 국방위원장이 직접 나와 환영해 주었어.

2000년 9월에 열린 시드니 올림픽에서 사상 처음으로 남북한 선수단이 공동 입장한 뒤 각종 스포츠 대회에서 남북한 동시 입장이 이어졌어.

김정일 국방위원장과 역사적인 남북 정상 회담을 가졌어. 한반도가 분단된 이후 처음으로 남북의 최고 지도자가 만난 거야.

김정일 국방위원장은 직접 공항까지 나와 김대중 대통령을 마중했어.

"오시느라 고생 많았습니다, 김대중 대통령님."

"반갑습니다, 김정일 국방위원장님."

두 정상은 통일 문제와 남북 관계에 대해 많은 대화를 나눴어.

"우리 민족의 통일 문제는 우리 스스로 해결해 나갑시다."

"이산가족의 만남을 빠른 시간 내에 다시 시작합시다."

"남북한은 서로 경제적인 도움을 주고받읍시다."

남북 정상 회담 이후 남북 간의 대화와 교류는 더욱 활발해졌고 남북 이산가족의 만남도 다시 시작되었어. 북한에 식량과 비료를 지원해 주었고 문화, 예술, 체육 등 다양한 분야에서 민간인들의 교류가 진행되었어. 2000년 9월 시드니 올림픽에서 남북한 선수단은 서로 손을 잡고 공동 입장을 했어. 한반도기를 앞세우고 입장하는 남북한의 선수들을 보고 우리 국민은 물론 전 세계 사람들이 감격했어.

남북 간 철도와 도로 연결, 개성 공단 건설, 금강산 관광 개발 등도 이루어졌어.

"남북 사이에 끊어진 철도가 다시 연결된다고 하니 이제 기차를 타고 평양에 갈 날도 얼마 남지 않았군."

김대중 대통령에 이어 노무현 대통령도 2007년 10월 4일 평양에서 김정일 국방위원장과 남북 정상 회담을 가졌어. 두 정상은 대화를 통해 남북이 서로 믿음을 가지고 한반도의 평화를 위해 힘을 모으자고 다시 한 번 다짐했단다.

금강산 관광과 개성 공단

남북 사이에 화해 분위기가 만들어지면서 금강산 관광이 이루어지고 개성 공단이 세워졌어.

1998년 강원도 동해항에서 '금강호'가 첫 출항하면서 분단된 지 50여 년 만에 역사적인 금강산 관광이 시작되었어. 여객 터미널에 나온 많은 사람들이 손을 흔들며 금강산으로 떠나는 관광객들을 환송했어.

와, 저 유람선을 타고 금강산에 간 사람들은 가슴이 벅찼겠어요!

1998년 11월 18일 첫 금강산 관광에 나선 관광객들을 태운 금강호가 강원도 동해항을 떠나는 모습이야.

아름답기로 세계 제일인 금강산에 가 보고 싶어.

"잘 다녀오세요."
"뿌~우~ 뿌~우~ 승객 여러분, 금강호가 금강산을 향해 출발합니다."
"배를 타고 금강산 여행을 가게 되다니 꿈만 같아요."
"금강산 모습이 어떨지 정말 궁금해요. 빨리 보고 싶어요."

2003년에는 버스를 타고 비무장 지대를 지나 금강산에 갈 수 있는 육로 관광도 가능해졌어.

개성 공단은 개성에 건설된 공업 단지를 말해. 2000년에 공사를 시작

개성 공단에서 북한 여성들이 작업하는 모습이야.

하여 2005년에 회사와 공장이 들어서기 시작했어. 남한이 세운 공장에서 북한의 노동자들이 많은 물건을 만들었지.

"내가 신은 신발은 개성 공단에서 북한 근로자들이 만든 거야. 어때, 멋지지?"

"신발뿐 아니라 옷, 시계 부품, 가방, 주방 용품 등 여러 가지 물건을 북한 근로자들이 만들었어."

개성 공단에 필요한 전기와 물은 우리나라에서 공급했어. 개성 공단에는 공장뿐 아니라 병원과 은행, 편의점 등이 설치되어 그곳에서 일하는 사람들에게 도움을 주었지.

개성 공단에서 공식적으로 사용되는 돈은 달러야. 월급도 달러로 주고 공단 안에서는 달러만 사용할 수 있어. 우리 기업들이 북한 근로자들에게 달러로 월급을 주면, 북한 정부는 근로자들에게 달러를 받고 북한 돈으로 바꾸어 주었어. 결과적으로 북한 정부는 개성 공단의 북한 근로자들을 통해 달러를 벌어들인 셈이지. 하지만 안타깝게도 개성공단은 2016년부터 가동이 중단된 상태야.

국민의 손으로 평화적인 통일을 이룬 독일

독일은 제2차 세계 대전이 끝난 후 서독과 동독으로 나뉘었고, 수도였던 베를린은 동베를린과 서베를린으로 나뉘었어. 그런데 동독 주민들이 서독으로 넘어가는 일이 자주 일어나자 동독은 이를 막기 위해 서베를린과의 경계 지역에 길이가 40여 킬로미터에 이르는 높고 튼튼한 콘크리트 담장을 쌓았어. 이것을 베를린 장벽이라고 해.

1970년대부터 서독과 동독은 통일을 위한 대화를 시작했어. 1989년 독일 국민들은 베를린 장벽을 무너뜨리고 동독과 서독을 서로 자유롭게 오가게 되었어. 그리고 1990년 전 독일 총선거를 통해 통일 정부를 구성하면서 독일의 통일이 이루어졌단다. 독일의 통일은 전쟁 없이 국민의 손으로 평화롭게 이루어졌지. 우리도 독일처럼 평화롭게 통일이 이루어지길 희망하고 있어.

1989년 11월 10일 독일 사람들이 통일을 기뻐하며 베를린 장벽 위에 올라선 모습이야.

우리말 퀴즈

북한 말과 우리말을 비교해 봅시다

남북으로 분단된 채 오랫동안 지내다 보니 남한과 북한은 사용하는 말도 많이 달라졌어. 남한과 북한의 말은 어떻게 다른지 알아볼까?

북한 말	우리말
꼬부랑 국수	라면
가락지빵	도넛
헝겊신	운동화
잠나라	꿈나라
불벌레	반딧불이
차마당	주차장
머리받기	헤딩
단얼음	빙수
과일단물	주스
오목샘	보조개
닭알두부	계란찜
색동다리	무지개
창가림막	커튼
얼굴가리개	마스크
위생실	화장실
손기척	노크

왼쪽의 북한 말을 우리말로 뭐라고 하는지 맞혀 보세요.

와~! 정말 많이 다르다.

1945년
광복을 맞이하다

1948년
대한민국 정부 수립을
선포하다

1950년
6·25 전쟁이 일어나다

1960년
4·19 혁명이 일어나다

1970년
새마을 운동이
시작되다

1987년
6월 민주 항쟁이 일어나다

⑨ 세계 속의 대한민국

우리나라는 유엔의 일원으로 세계 평화 유지를 위한 활동과 더불어 환경 문제, 기아, 자연 재난 등을 해결하는 데 적극 참여하고 있어. '한류'라고 불리는 우리 문화는 세계인을 열광시키고 있고, 세계 곳곳에서 자랑스러운 한국인들이 활발하게 활동하고 있어. 세계 속의 대한민국에 대해 알아볼까?

1997년
외환 위기를 겪다

2000년
남북 정상 회담이 이루어지다

2002년
한·일 월드컵 대회가 열리다

국제기구에서 활발하게 활동하다

우리나라는 나라의 힘이 강해지면서 국제 사회에서 큰 영향력을 행사하게 되었고, 국제기구에서 활발한 활동을 벌이고 있어.

1996년 우리나라는 OECD(경제 협력 개발 기구) 회원국으로 가입했어. OECD는 선진국들의 모임으로, 회원국들은 대부분 정치적으로 민주주의가 발전하고 경제적으로 잘사는 나라들이야. 29번째로 OECD 회원국이 된 우리나라는 선진국들과 어깨를 나란히 하게 되었어.

2003년 한국인으로서는 처음으로 유엔 기구의 수장이 탄생했어. 의학자로 의료 봉사 활동에 열중하던 이종욱이 세계 보건 기구의 사무총장으로 당선되었어. WHO라는 이름으로 더 잘 알려진 세계 보건 기구는 전 세계 사람들이 건강하게 살 수 있도록 전염병과 질병 예방에 힘쓰고 있는 유엔의 전문 기구야. 이종욱 사무총장은 결핵과 예방 접종으로 예방이 가능한 어린이 질병, 조류 독감, 에이즈 같은 질병을 물리치는 데 힘써 '백신의 황제'라 불리며 많은 존경을 받았어.

유엔 총회에서 반기문 사무총장이 회의를 진행하고 있어.

사무총장은 유엔의 대표야!

　우리나라는 유엔에서도 많은 활동을 하고 있어. 1991년 유엔에 가입한 뒤 1995년 안전 보장 이사회 비상임국이 되었어. 안전 보장 이사회는 유엔에서 가장 중요한 조직으로, 이곳에서 결정된 사항은 모든 회원국이 따라야 해. 2006년 '세계의 대통령'이라 불리는 유엔 사무총장에 우리나라의 반기문 외교통상부 장관이 선출되었어. 반기문 사무총장은 평화 유지를 위한 활동에 적극적으로 나섰어.

　우리나라는 세계 경제를 이끄는 주요 20개국이 회원으로 있는 G20의 회원국이야. 우리나라 외에도 미국, 프랑스, 영국, 독일, 일본, 이탈리아, 캐나다 등의 선진 경제국과 아르헨티나, 오스트레일리아, 브라질, 중국,

인도, 인도네시아, 멕시코, 러시아, 사우디아라비아, 남아프리카공화국, 터키를 포함한 신흥 경제국이 G20의 회원국이야. G20은 세계 경제 문제를 의논하고 해결점을 찾기 위해 매년 정상 회담을 열고 있어.

그 밖에도 많은 국제기구에서 우리나라는 전 세계에서 일어나는 다양한 문제를 해결하기 위해 다른 나라들과 함께 노력하고 있어.

IT 강국으로 성장하다

IT란 컴퓨터, 인터넷, 통신 등 정보와 관련된 기술을 뜻하는 말이야. 1980년대 후반부터 개인용 컴퓨터(PC)와 인터넷, 휴대 전화 등이 보급되면서 우리나라의 IT 산업은 빠르게 성장했어. 우리나라는 휴대 전화의 생산과 보급, 인터넷 가입률과 인터넷 속도에서 세계 최고 수준을 자랑하는 IT 강국이 되었어.

특히 초고속 인터넷은 세계 1위를 차지하고 있어. 초고속 인터넷의 보급으로 사람들은 집에서 기차표, 비행기 표 등을 예약하고 금융 업무도 볼 수 있게 되었어. 또한 집에서 물건도 사고, 가고자 하는 곳까지의 교통 정보도 쉽게 얻을 수 있게 되었지.

"부산에 가는 기차표를 미리 사야 하는데 기차역에 갈 시간이 없으니 걱정이네."

"걱정하지 마세요, 할머니. 제가 집에서 인터넷으로 예약해 드릴게요. 몇 시 기차로 가실 거예요?"

"집에서도 기차표를 살 수 있다니 세상 참 좋아졌구나."

세계는 우리나라의 IT 기술을 높이 평가하며 놀라워하고 있어. 휴대 전

정보 통신 박람회에서 첨단 IT 기술을 선보이고 있어.
우리나라의 IT 기술은 세계 최고 수준을 자랑하고 있지.

화를 비롯하여 우리 기술로 만들어진 IT 제품은 전 세계에서 높은 인기를 얻고 있어.

하계 올림픽과 월드컵을 개최하다

1988년 제24회 하계 올림픽 대회가 대한민국 서울에서 열렸어. 우리나라는 올림픽을 열기 위해 일본의 나고야와 경쟁을 벌였어. 사마란치 국제 올림픽 위원회 위원장의 "서울!"이라는 발표와 함께 대한민국의 서울이 일본의 나고야를 누르고 올림픽 개최지로 결정되었어.

"만세! 우리나라가 올림픽을 열게 되었어요."

"전 세계인이 하나가 되는 지구촌의 축제가 서울에서 열리게 되었군."

우리나라의 발전된 모습을 세계 여러 나라에 알릴 수 있는 기회를 갖게 된 거야. 사마란치 위원장은 서울에서 올림픽이 열리게 된 것을 축하하는 자리에서 서울 올림픽의 구호를 한국어로 외치기도 했어.

"세계는 서울로, 서울은 세계로!"

서울 올림픽에는 160개국이 참가해 각 종목별로 열띤 경쟁을 벌였어. 우리나라는 금메달 12개, 은메달 10개, 동메달 11개를 획득하여 종합 순위에서 당당히 4위를 차지했어.

우리나라는 올림픽에 이어 2002년에는 지구촌 축구 축제인 월드컵 축구 대회를 일본과 공동으로 열었어. 이로써 우리나라는 일본과 더불어 아시아에서 최초로 올림픽과 월드컵 축구 대회를 모두 연 나라가 되었어.

월드컵 축구 대회는 축구 경기뿐만 아니라 우리 국민의 길거리 응원도 큰 볼거리였어. 붉은 옷을 입고 "대한민국!"을 외치며 길거리 응원에 나선 국민들로 인해 월드컵이 열리는 동안 전국은 붉은 물결로 가득했어.

우리나라가 예선을 통과하고 당당히 16강에 오르자 길거리 응원은 최

화합과 전진을 내세운 서울 올림픽 개회식 장면이야.

월드컵 4강 진출이 확정되자 기뻐하는 홍명보 선수

고조에 달했어.

"대한민국! 짝짝~ 짝 짝짝, 대한민국! 짝짝~ 짝 짝짝."

"오~ 필승 코리아!"

국민들의 응원에 힘입어 우리나라는 4강전에 진출하는 놀라운 성과를 올렸어. 2002 월드컵 기간 동안 2천만 명이 넘는 사람들이 길거리 응원에 나섰고 4강전에는 약 650만 명이 거리로 나와 대한민국을 응원했어.

우리의 길거리 응원을 지켜본 지구촌 사람들은 놀라움을 금치 못했어. 길거리 응원에 참여한 수많은 사람들이 응원 내내 질서를 잘 지켜 사고

하나 없었고, 경기가 끝난 후에는 모두 나서서 청소를 하며 뒷정리를 깨끗하게 했어. 이런 모습을 보고 외국 언론에서는 '믿어지지 않을 만큼 감동적인 장면'이라고 보도했어.

하계 올림픽 대회에 이어 월드컵 축구 대회까지 개최하면서 대한민국은 다시 한 번 세계 곳곳에 널리 알려지게 되었어.

한류의 바람이 불다

우리나라가 세계 속으로 뻗어 나가며 우리 문화도 세계에 널리 알려지게 되었어. 한류는 우리나라의 텔레비전 드라마와 영화, 가요(케이팝)를 비롯한 대중문화가 다른 나라 사람들에게 큰 인기를 얻은 현상을 말해.

한류는 1996년 중국에서 우리나라 드라마가 방영되면서 시작되었어.

우리나라의 대중문화뿐 아니라 김치, 고추장, 라면 등의 음식과 게임, 가전제품 등이 세계에 널리 알려지고 수출되면서 세계 곳곳에서 한류의 뜨거운 바람이 불고 있어. 중국, 동남아시아 등 아시아 지역에서 시작된 한류는 미국, 남아메리카, 아프리카, 유럽까지 퍼져 나갔어.

세계 여러 나라 사람들이 우리나라의 텔레비전 드라마와 예능 프로를 시청하고 우리말로 노래 부르고 춤추며 케이팝에 열광하고 있어.

한류가 우리나라를 알리는 데 큰 역할을 하게 되면서 우리나라를 찾는 관광객과 한국어를 배우는 외국인들이 점점 늘고 있어. 외국의 대학에서도 한국어와 한국 문화를 가르치는 강의가 마련되었지. 한류는 문화를 통해 우리나라의 이미지를 높이고 국가 경쟁력까지 높이고 있어.

전 세계인의 축제, 올림픽은 언제 시작되었을까?

올림픽은 고대 그리스에서 시작되었어. 그리스의 도시 국가들은 자주 전쟁을 했어. 전쟁에 지친 사람들이 평화를 달라고 간절히 기도하자 신은 "다 함께 운동 경기를 하면 평화를 주겠다."고 응답했어. 그래서 그리스의 도시 국가들은 4년에 한 번씩 올림피아에 모여 레슬링, 달리기, 원반던지기 등의 운동 시합을 열게 되었어. 그리스 사람들은 이것을 '올림피아제'라고 했고 올림피아제가 열리는 동안에는 전쟁을 중단해서 평화가 찾아왔지.

1896년 그리스 아테네에서 고대 올림피아제를 이어받아 지금과 같은 올림픽이 시작되었어. 세계 평화를 기원하며 전 세계인이 참가하는 지구촌 축제로 발전했어. 올림픽을 상징하는 성화를 그리스의 올림피아에서 가져오는 이유는 그리스에서 올림픽이 가장 먼저 시작되었기 때문이야.

유네스코에 등재된 한국 문화

유네스코는 전 세계의 중요한 문화유산을 국제적으로 보호하기 위해 세계 여러 나라의 귀중한 문화재를 골라 '세계의 문화유산'으로 지정하고 있어. 2015년 현재 우리나라 문화유산 11개와 자연유산 1개가 올라 있어.

우리 문화와 자연이 뛰어난 가치를 인정받아 유네스코 세계 유산으로 올랐어.

해인사 장경판전 1995년 등재, 경상남도 합천군
세계에서 하나뿐인 대장경판 보관용 건물이야. 건물 안의 환기와 온도, 습도 조절이 자연적으로 이루어지도록 만들어졌어.

창덕궁 1997년 등재, 서울시 종로구
조선 시대의 궁궐로 자연의 아름다움을 그대로 살린 건축물이야. 후원인 비원은 우리나라의 대표적인 왕실 정원으로 감탄을 자아내고 있어.

종묘 1995년 등재, 서울시 종로구
조선 시대의 왕과 왕비의 제사를 지내는 건물이야. 종묘에서 이루어지는 모든 예법(종묘제례)도 종묘와 함께 문화유산으로 올라 있어.

백제 역사 유적 지구 2015년 등재, 충청남도, 전라북도
백제의 수도였던 공주, 부여, 익산에 남아 있는 유적들은 백제의 고유한 문화와 종교, 예술미를 잘 보여 주고 있어.

석굴암과 불국사 1995년 등재, 경상북도 경주시
신라 시대에 만들어진 문화재로 경주 토함산에 있어. 석굴암은 불상을 모신 석굴이야. 부처의 나라를 지상에 구현한 최고의 불교 예술 작품으로 인정받고 있어.

정말 대단해요!

남한산성 2014년 등재, 경기도 광주시
조선 시대에 유사시를 대비하여 임시 수도 역할을 할 수 있게 건설된 산성이야. 성을 쌓는 기술의 발달을 잘 보여 주고 있어.

고창·화순·강화 고인돌 유적 2000년 등재, 전라북도 고창군, 전라남도 화순군, 인천시 강화군
고인돌은 청동기 시대 부족장의 무덤이야. 우리나라의 고인돌은 보존 상태가 아주 좋아.

수원 화성 1997년 등재, 경기도 수원시
조선 시대 정조가 만든 성으로 지금까지 성의 모습이 잘 보존되어 있어. 아버지 사도 세자에 대한 정조의 효심에서 탄생한 성이야.

한국의 역사 마을 : 하회와 양동 2010년 등재, 경상북도 경주시, 안동시
엄격한 유교의 이상을 따랐던 조선 시대의 마을 모습과 역사를 잘 간직하고 있어.

경주 역사 지구 2000년 등재, 경상북도 경주시
천 년 동안 신라의 수도였던 경주는 도시 전체에 신라의 귀중한 문화재가 가득 남아 있어.

조선 왕릉 2009년 등재, 서울시, 경기도, 강원도
조선 왕릉은 주변의 자연과 조화를 이루며 왕의 위엄을 잘 나타내고 있어.

제주 화산섬과 용암 동굴 2007년 등재, 제주시
제주도는 화산이 터져 만들어진 아름다운 섬이야. 용암 동굴은 화산이 터질 때 나온 뜨거운 용암으로 만들어진 동굴로 그 모습이 매우 신기해. 지질학적 특성과 발전 과정 등 지구의 역사를 잘 보여 주는 자연유산이야.

찾아보기

ㄱ
개성 공단 116, 117~119
경부 고속 도로 66
경제 개발 5개년 계획 66~69
경제 협력 개발 기구(OECD) 107, 124
경주 역사 지구 135
계엄군 88, 89
고창·화순·강화 고인돌 유적 135
광복 10~12
구조 조정 102
국제 통화 기금(IMF) 101, 102
군사 정부 61, 100
금강산 관광 116~117
금강호 116, 117
금 모으기 운동 102~103
김구 12, 25~26, 34
김대중 85, 95, 99, 103, 114~115
김영삼 95, 98, 101, 112
김일성 14, 29, 31, 38, 40, 46, 110~112
김재규 86
김정은 112
김정일 111~112, 114~116
김주열 57

ㄴ
나가사키 10
남북 적십자 회담 112

남북 정상 회담 115, 116
남한산성 135
남해 고속 도로 66
넥타이 부대 91
노덕술 31
노무현 95, 116
노태우 92, 93, 95, 98
농지 개혁법 31~33

ㄷ
단독 정부 수립 25~26
달동네 78
대통령 중심제 61
대한민국 정부 수립 28~29
동양 척식 주식회사 17
동해 고속 도로 66

ㅁ
마산 시위 56~57
맥아더 40, 41
모스크바 3국 외상 회의 14, 16
문민 정부 98
미 군정 13, 17~19
미·소 공동 위원회 16~17, 24

ㅂ
박정희 61, 66, 84~86

반공 정책 46
반기문 125
반민족 행위 처벌법(반민법) 30
반민족 행위 특별 조사 위원회(반민 특위) 30, 31
배급제 19
백제 역사 유적 지구 134
베트남 전쟁 71~73
복지 정책의 성장 106~107
비무장 지대 117
비상계엄 86, 87

ㅅ

사마란치 127
4·19 혁명 57~59
사회 보장 제도 33
산업 훈장 69
3선 개헌 84
3·15 부정 선거 54~57, 62~63
38도선 13, 14, 26, 38, 42
새마을 운동 69~71
서울 올림픽 127~128
서울 지하철 1호선 68
석굴암과 불국사 134
세계 보건 기구(WHO) 124
수원 화성 135
수출 탑 69

시드니 올림픽 116
신민당 85
신탁 통치 14~16
신한 공사 17, 18

ㅇ

아이티(IT) 강국 126~127
여운형 12
역사 바로 세우기 98
영동 고속 도로 66
5·10 총선거 26
5·16 군사 정변 61, 100
5·18 민주화 운동 87~90
외환 위기 101~103
원자 폭탄 10
월드컵 길거리 응원 128~132
월드컵 축구 대회 128~132
유네스코 세계 문화유산 134~135
유신 체제 84~86, 90
유신 헌법 85, 86
유엔 사무총장 125
유엔 안전 보장 이사회 125
유엔 한국 임시 위원단 24
유엔(국제 연합) 17, 24, 25, 40, 125
유엔군 40, 42
6월 민주 항쟁 90~92
6·25 전쟁 38~47

윤보선 60, 94
이기붕 55, 57
이명박 95
이산가족 112, 113, 114, 116
이산가족 고향 방문단 및 예술 공연단 113
이승만 12, 25, 26, 28, 31, 35, 38, 40, 44, 52~58, 94
이종욱 124
이한열 91
인천 상륙 작전 40, 41
1·4 후퇴 41~43

ㅈ

자유당 53, 54, 60
장면 60
전두환 86, 87, 90, 92, 95, 98
전태일 79
제2차 세계 대전 10, 13
제주 화산섬과 용암 동굴 135
제헌 국회 28
조선 건국 준비 위원회 12
조선 민주주의 인민 공화국 29
조선 왕릉 135
종묘 134
G20 125~126
지방 자치 제도 98, 100~101
지방 자치법 100

ㅊ

창덕궁 134
초고속 인터넷 126
친일파 14, 16, 29, 30, 31, 52

ㅋ

케이팝 132, 133
코리아 타운 74

ㅌ

통일 정부 수립 25~26
통일 주체 국민 회의 85
통일벼 69

ㅍ

평화적인 정권 교체 99
포항 제철 67

ㅎ

하지 13
학도 의용군 48~49
한강의 기적 69
한국의 역사 마을 : 하회와 양동 135
한류 132~133
한반도기 116
해인사 장경판전 134
호남 고속 도로 66

호주제 폐지 104~105

휴전선 44

히로시마 10

히로히토 10

사진 자료를 제공한 기관

서울시립대학교 박물관 「1950's 서울의 기억」展 21쪽 1950년대 서울의 시장 풍경
국가기록원 29쪽 대한민국 정부 수립 경축식 | 67쪽 개통 당시 경부 고속 도로 전경 | 68쪽 서울 지하철 1호선 개통식 74쪽 사우디아라비아 지잔 항만 공사 | 76쪽 1970년대 서울 여의도 아파트 단지
68 보도사진 연감 72쪽 베트남 파병
민주화운동기념사업회 85쪽 1972년 서울 장충체육관에서 열린 통일 주체 국민 회의 대의원들에 의한 제8대 대통령 선거 87쪽 1980년 5월 서울역 광장에서 벌어진 대학생 시위
중앙선거관리위원회 92쪽 제13대 대통령 선거 벽보

 공공누리에 따라 국립중앙박물관과 문화재청의 공공저작물 이용

사진 진행-북앤포토

사진 자료를 제공한 곳

북앤포토, 연합포토, 유로크레온, 위키피디아

＊이 책에 실린 모든 자료의 출처를 찾기 위해 최선을 다했습니다.
　허가를 받지 못한 일부 사진에 대해서는 저작권자가 확인되는 대로 게재 허락을 받고 사용료를 지불하겠습니다.